LUTHER-
VERLAG

Christian Hemschemeier

VOM OPFER ZUM GESTALTER

Raus aus toxischen Beziehungen, rein ins Leben

Luther-Verlag

Bibliographische Information der Deutschen Nationalbibliothek
Die Deutsche Nationalbibliothek verzeichnet diese Publikation in der Deutschen Nationalbibliographie;
detaillierte bibliographische Daten sind im Internet über http://dnb.d-nb.de abrufbar.
ISBN 978-3-7858-0782-8

Umwelthinweis:
Dieses Buch wurde auf chlorfrei gebleichtem Papier gedruckt.

Umschlaggestaltung: tiefschwarz und edelweiß, Hagen (www.tsew.de)
Satz: Luther-Verlag GmbH, Bielefeld
Druck und Bindung: Rudolph Druck oHG, Schweinfurt
Printed in Germany

Inhalt

Vorwort

Herzlich willkommen, liebe Leserin und lieber Leser zu meinem zweiten Buch. Es ist ganz anders geworden als der »Liebescode«, der hier im gleichen Verlag 2019 erschienen ist. Wenn du das erste Buch noch nicht kennst: Der »Liebescode« ist quasi ein kompakter Ratgeber vom ersten Date bis zum Liebeskummer danach, mit all dem Wissen, das ich mir in 18 Jahren als Paartherapeut angeeignet habe. Außerdem gibt es viel theoretischen Hintergrund, zum Beispiel zu Bindungsstilen und wie sie zusammenpassen. Wenn du also noch mehr in die Tiefe gehen möchtest, was allgemeine Beziehungsdynamiken angeht, schau da unbedingt rein. Es ist eine Mischung aus Fachbuch und Ratgeber, aber locker und leicht verständlich geschrieben.

Ich habe lange überlegt, wie ich dieses nun vorliegende zweite Buch gestalte. Zwei Ziele habe ich mir dabei gesetzt:

Zum einen möchte ich den Weg aus toxischen Beziehungen einmal an meinem ganz persönlichen Beispiel aufzeigen. Dieser Weg ist nicht leicht, und viele verstricken sich immer wieder in den Wirren der Täter-Opfer-Dynamiken. Er ist, glaube ich, leichter zu verstehen, wenn man sich ein ganz konkretes Beispiel anschaut. Ich möchte dir zeigen: Ja, es ist möglich. Du kannst aus einer wirklich schwierigen Start-Situation kommen, du kannst jahrzehntelang schwierige bis furchtbare Beziehungen haben und doch dein Leben komplett drehen. Du kannst deine Berufung finden, einen schönen Job haben und, ja, auch eine wirklich liebevolle Beziehung leben. Sogar dein Familiensystem kannst du vielleicht befrieden helfen. Aber, wie gesagt, es ist nicht leicht. Wenn du siehst, mit wie vielen Tücken und Attacken ich zu kämpfen hatte und wie oft auch ich neu starten musste, dann denke ich, wird es dir Zuversicht geben, dass auch dein Weg letztlich zum Ziel führt.

Zum Zweiten möchte ich dich mitnehmen zu einer höheren Sichtweise auf deine Beziehungen. Die neue Perspektive ist zu mir gekommen auf diesem Weg, und sie war unendlich heilsam. Nenne es Spiritualität oder wie auch immer. Auch dein Weg wird leichter werden, wenn du merkst: Ich bin nicht allein und war es nie. Sich von allem abgeschnitten fühlen, ist letztlich eine Illusion, auch wenn sie sich manchmal so schmerzhaft real anfühlt. Wenn du erst einmal wieder Zugang zu deiner eigenen Liebe gefunden hast, tief in dir drin, dann wird manche Aufgabe viel leichter. Ich habe lange gezögert, auch diesen Schritt zu veröffentlichen. Viele kennen mich ja als einen ganz normalen Psychologen. Aber letzten Endes wäre es einfach nicht authentisch, diese Abschnitte des Weges nicht auch mit dir zu teilen. Diese manchmal regelrecht grausamen Beziehungen (bzw. eben Nicht-Beziehungen) können zu einer Art Erwachen zu bisher dir unbekannten spirituellen Quellen führen (dazu später mehr).

Zu guter Letzt noch der Hinweis, dass dieses Buch natürlich keine psychotherapeutische Behandlung ersetzen kann, wenn diese notwendig werden sollte. Es kann einem in Liebesdingen schon manchmal sehr schlecht gehen, und dann solltest du gegebenfalls nicht zögern, Fachleute vor Ort anzusprechen. Ein Buch kann per Definitionem immer nur Teil der Selbsthilfe sein.

Wenn du mehr mit meinen Methoden aus meinem Beratungsangebot arbeiten möchtest, schau unbedingt auf WWW.LIEBESCHIP.DE vorbei. Dort findest du unter anderem maßgeschneiderte Kurse zu all diesen Themen rund um Beziehungen, toxische Verstrickungen und auch zu Spiritualität (mehr dazu am Ende des Buches).

Zur Sprache in diesem Buch: Ich habe es nicht so mit der gender-normierten Sprache. Deshalb wechsele ich zwischen »er« und »sie«, du kannst die Geschlechter aber jederzeit austauschen, die Informationen bleiben im Grundsatz immer noch richtig. Eine Frau kann in einer männlichen Polarität agieren oder ein Mann in seiner weiblichen.

Genauso gilt die Bindungspsychologie und alles, was ich hier erläutere, natürlich auch in homosexuellen Beziehungen. Ich weiß, dass viele Homosexuelle meinen Kanal schauen und auch ihre toxischen Beziehungen haben. Ersteres freut mich sehr! Wir sind doch alle zusammen auf diesem Weg.

Auf den folgenden Seiten spreche ich oft von Plus-Pol und Minus-Pol. Diese Begriffe sind neutral und bezeichnen die zwei epischen Rollen in mehr oder weniger glücklichen Beziehungen:

Der *Plus-Pol* ist derjenige, der immer etwas mehr will, mehr investiert, manchmal zu abhängig ist oder dem Partner sogar hinterherläuft. Er tendiert dazu, über-kooperativ, über-empathisch und über-verfügbar zu sein. Er hat oft ein Problem damit, auf sich selbst zu achten.

Der *Minus-Pol* ist das Gegenstück, er will immer weniger Beziehung haben, zieht sich zurück, meldet sich zu wenig, ist zu unromantisch, zu kühl. Er neigt dazu, weniger emphatisch zu sein und zu strenge Grenzen zu haben und ist oft emotional nicht genug verfügbar. Er hat ein Problem damit, auf den Partner zu achten.

Die Rollen sind nicht auf ewig festgeschrieben! Sie wechseln viel mehr, als die meisten wahrhaben wollen!

Und zum Schluss noch ein kleiner, aber wichtiger Hinweis: Die Dating-Geschichten sind natürlich so stark anonymisiert und verändert, dass niemand Sorge haben muss, erkannt zu werden. Und nun ... viel Spaß beim Lesen!

1 DENKEN: Meine Biografie und der Liebeschip

1.1 Meine Kindheit und Jugend

Wenn ich hier meine Biografie (damit meine ich die ganze Biografie, nicht nur die Kindheit) schildere, möchte ich vor allem eines deutlich machen: Man kann sich aus dem tiefsten Schlamassel herauswinden und vielleicht gerade dann viele nie erreichte Höhen erklimmen. Das Leben ist oft wie ein Trampolin ... je tiefer du fällst, umso höher kannst du anschließend springen.

Dennoch: Wer hätte nicht gerne von Anfang an eine durch und durch schöne Kindheit gehabt? Aber mal Hand aufs Herz ... ich denke, es sind gar nicht besonders viele Menschen, die das von sich behaupten können. Oft ist es doch so: Unsere Eltern sind während des Krieges aufgewachsen, oder zumindest die Großeltern haben dieses Grauen direkt erlebt. Und die Eltern unserer Eltern hatten oft noch schlechtere äußere Bedingungen: Kein Internet, in dem man sich informieren konnte. Gefühle wurden wenig gezeigt, über Beziehungsprobleme sprach man nicht und über die traumatischen Erlebnisse der NS- und Kriegszeit wurde kaum geredet. Das alles wurde auf uns Kinder übertragen, ohne dass es uns bewusst war.

Es geht nicht um Schuld, es geht nur darum anzuerkennen, was uns geprägt hat, um es dann – wenn man will – loslassen zu können. Es geht darum, endlich in unserer Generation sagen zu können: Es reicht.

Genug unglückliche Beziehungen, genug Täter-Opfer-Spielchen. Es ist Zeit, dass eine neue Bewusstheit einziehen kann.

Kindheit

Meine Familie lebt zum Glück noch komplett. Und man mag es kaum glauben, wir verstehen uns besser denn je. Als Familie haben wir heute zu einer engen, schönen Bindung gefunden. Ich kann sagen, dass meine Eltern und meine Schwester zu meinen engsten Verbündeten gehören und Blut bei uns eben doch oft dicker ist als Wasser.

Alle haben bestimmt immer versucht, ihr Bestes zu gegeben, das ist mir heute (meistens) klar. Aber man muss wirklich sagen, dass meine Kindheit oft eine ziemliche Herausforderung war. Ich will gar nicht so ins Detail gehen, aber ich habe so ein Bild vor Augen, dass jeder in unserer Familie durch die Gegend irrte, völlig vereinnahmt von den eigenen Traumata und den verzweifelten Versuchen, damit umzugehen. Obendrein lebten wir auf dem Grundstück der Eltern meiner Mutter, was ihr vermutlich damals keine Gelegenheit ließ, sich wirklich abzunabeln.

Meine Mutter war häufig mit sich beschäftigt, mein Vater mit der Arbeit. Sie haben sehr wenig mit mir gespielt, aber es waren damals natürlich auch andere Zeiten, wie man so schön sagt. Als Kind ging man nachmittags auf die Straße und man kam abends wieder nach Hause, wenn die Straßenlaternen angingen. Meine ältere Schwester war ... eine ältere Schwester – sehr neidisch auf den Zuwachs in der Familie und sehr »bissig«. Heute ist sie meine beste Freundin.

Mein Vater blühte im Beruf auf, ließ sich aber zuhause sehr hängen. Oft habe ich mir gewünscht, er würde mal auf den Tisch hauen. Und wie genauso oft habe ich mir gewünscht, meine Mutter wäre mal ihre ureigensten Themen angegangen.

Ich kann nicht sagen, dass nie jemand für mich da war, aber ich glaube, es ist fair zu sagen: ... Es war nicht gerade oft und schon gar nicht kontinuierlich. Wir wurden bestimmt sehr geliebt, aber irgendwie hakte die Umsetzung.

Das ist aber auch zunächst niemandem aufgefallen, und wenn, dann habe ich es nicht so mitbekommen.

Ich war still, fast durchscheinbar. Wenn ich Fotos von mir aus dieser Zeit anschaue, sehe ich liebevoll einen völlig verschüchterten Jungen. Natürlich liegt über der Kindheit meist so eine warme, schützende Decke, die dafür sorgt, dass wir nicht wirklich merken, was los ist. Und auch meine Kindheit war selbstverständlich gesprenkelt von Glücksmomenten, wie man sie vielleicht nur als Kind haben kann.

Aber aus heutiger Sicht kann ich sehen, dass ich immer diese Neigung zur Co-Abhängigkeit hatte: voller Über-Empathie, immer erst die anderen sehen, aber mich selbst nicht wahrnehmen und sich selbst schon gar nicht wehren.

In der Nachbarschaft gab es zum Glück Tom. Ein Spielkamerad, ein Jahr älter, und ebenfalls zutiefst alleine. Wir verbrachten quasi 23 von 24 Stunden miteinander, und das war vielleicht meine Rettung. Auch in der Schule war ich nicht richtig präsent. Ich war zwar gut, der beste Junge, was die Noten anging, aber überhaupt nicht »in meiner Kraft«. Es gab sehr beschämende Situationen in der Schule, aber ich war gefühlsmäßig einfach irgendwo anders. Und in gewisser Weise war es auch okay, denn an direktes Mobbing kann ich mich nicht erinnern.

Mit 9 Jahren kam dann für mich der große Bruch. Mein bester Kumpel zog plötzlich nach München. Das war schlicht eine Katastrophe. Von da an war ich wirklich einsam. Natürlich hatte ich Freunde, aber irgendwie haben wir nicht wirklich aneinander angedockt. Um gemocht zu werden, versuchte ich, mich anzupassen, aber es war irgendwie nicht das, was ich eigentlich spielen wollte, und ich habe mich auch nicht auf Augenhöhe gefühlt. Oft habe ich geweint und war wirklich verzweifelt. Psychisch ging es mir gar nicht gut, und ich entwickelte einige »Ticks«. Darüber reden konnte ich meist überhaupt nicht, aber irgendwie habe ich mich selber über Wasser gehalten.

Doch auch in dieser schwierigen Zeit gab es zwei Highlights im Jahresverlauf, und für die bin ich sehr dankbar. Das eine war der Urlaub mit meiner und einer befreundeten Familie. Ich erinnere mich an glückliche Tage in Dänemark; alle waren gut drauf, und es gab viel mehr Halt und ausgelassenes Spiel.

Das andere waren die Ferienlager der Kirche bei uns. Ich lebte in einem kleinen Dorf, aber aus unerfindlichen Gründen waren die Ferienlager im Sauerland einfach Weltklasse und ihrer Zeit weit voraus. Die Leiter – top ausgebildet – hatten eine, für die damalige katholische Kirche ganz untypische, extrem »lange Leine«: Im Grunde konnten wir dort machen, was wir wollten, auf eine gute Art. Ich habe es *geliebt*! Heute wären solche Ferienlager nicht mehr möglich. Wir waren wirklich frei.

Jugend

Mit 14 Jahren wurde mein Leben auf magische Art besser. Als Initialzündung muss ich wieder Aktivitäten der Kirche nennen. Ich war Messdiener geworden, und wir trafen uns einmal in der Woche als Gruppe meines Alters. Das kam mir zuerst recht seltsam vor, aber nach und nach entstand daraus (natürlich auch mit der entsprechenden Mädchengruppe) eine total schöne Clique, wie ich sie bis heute nicht wieder gefunden habe. Immer noch war meine Familie ein rechtes Chaos, auch wenn meine Eltern mir durchaus vieles ermöglichten. Deswegen fühlte ich mich manchmal echt etwas unwohl – aber zumindest konnte ich nun besser einfach mal nicht da sein.

Auch später im Gymnasium bin ich besser klargekommen. Mein Leben nahm einen deutlichen Aufschwung und ich erlebte häufiger eine echt schöne Zeit. Trotzdem fehlte mir zuhause weiter komplett der Halt und mein inneres Fundament blieb wirklich sehr brüchig. Ich entwickelte diverse psychische Symptome, aber es ging so einigermaßen. Und ich blieb unscheinbar, geradezu verhuscht.

In Bezug auf Mädchen war ich ein absoluter Spätzünder und nicht gerade in meiner männlichen Polarität. ich lief sogar fast davor weg, wenn sich mal etwas anbahnte.

Mit 16, 17 Jahren trank ich extrem viel Alkohol, das war aber nicht wirklich unüblich auf dem Dorf. Aus heutiger Sicht muss ich dazu aber sagen: Mein Lebensfundament war sehr wackelig, und ich hätte damals auch echt auf eine richtig schiefe Bahn kippen können.

Junges Erwachsenenalter

Bis ins Abitur war ich ein Mathe-Ass und habe sogar beim Bundeswettbewerb Mathematik mitgemacht. Alles deutete darauf hin, dass ich Physik studieren würde. Aber erst einmal kam, wie so üblich in den 80ern, der Zivildienst (oder »Zuviel«-Dienst, wie wir sagten). 20 Monate Dienst an alten Menschen, Jugendlichen, Büroarbeiten. Nichts zum Glänzen. Aber die Arbeit hat mich sehr stark beeindruckt und ich empfinde es heute rückblickend als einen irgendwie sehr innerlichen Lebensabschnitt.

Die Folge dieser Zeit war, dass ich am Physik-Studium zweifelte. Ich hatte jetzt eher Lust, etwas mit Menschen zu machen. Gleichzeitig liebte ich »Wissenschaftlichkeit«. Und so kam ich plötzlich auf Psychologie. Ich darf, glaube ich, sagen … das hat wenig Begeisterung in meinem Umfeld ausgelöst. Diese Entwicklung irritierte mich selber und ich frage mich bis heute, was wohl gewesen wäre, wenn ich Physiker geworden wäre. Eines ist mal sicher: Mein Leben wäre viel ruhiger verlaufen! Aber ich hätte vermutlich nicht diese coolen Entwicklungsschritte machen können. Wie auch immer: Letzten Endes gibt es kein falsches Leben.

Da ich aus einer recht schwierigen Familie kam und mich selber etwas »angeschlagen« fühlte, hörte ich natürlich gleich das, was jeder Psychologe hört: »Du willst ja nur dir selber helfen!«. Heute würde ich erwidern: Was ist falsch daran? Und kompensiert nicht jeder etwas über die Berufswahl? Wollen Richter nicht mal entscheiden? Wollen Polizisten sich nicht gerne mal durchsetzen? Aber fairerweise muss ich auch sagen, ich hatte mein Helfersyndrom damals nicht im Griff.

Also, ich fühlte mich unsicher und studierte deshalb beide Fächer drei Semester lang gleichzeitig, was, gelinde gesagt, sehr fordernd war. Aber es half. Ich kam einer Entscheidung näher: Nach einiger Zeit konnte ich mir nicht vorstellen, mit hundert sehr netten, aber auch sehr »nerdigen« Physik-Jungs sieben Jahre zu verbringen. Die psychologische Studentinnenschaft hingegen gestaltete sich sehr bunt ☺!

Ich entschied mich also für die Psychologie, und das war im Gegensatz zu heute ein wirklich nettes, nicht zu hartes Studium.

An meiner Uni wurde eine Art Pilotprojekt angeboten, eine Therapieausbildung schon im Studium zu starten. Das erwies sich wirklich als zu meinem Besten, insbesondere im Blick auf meine erste toxische Beziehung, über die ich später hier schreibe. Andererseits bekam man auch einen Vorgeschmack darauf, wie es sein kann, wenn viele traumatisierte Menschen aufeinandertreffen. Denn ehrlich gesagt sind natürlich viele verletzte Menschen in so einem Studium, und verletzte Menschen neigen dazu, andere zu verletzen oder relativ sinnlose Diskussionen zu führen. Ich erlebte so einiges, was sich heute viel auf den Social-Media-Kanälen abspielt: Es gab immer wieder Pseudo-Skandale, Kampagnen, politische Aktionen, die niemand wirklich interessierten, usw. Ich empfand auch die aggressive Seite des Feminismus als unangenehm, insbesondere wenn Männer (!) sie vortrugen. Aber mal ehrlich, ich habe die Zeit geliebt, auch wenn ich anfänglich ziemlich herumgeirrt bin. Das Psychologie-Studium war nicht annähernd so verschult wie heute. Es war wirklich ein Neigungsstudium und ließ genügend Zeit, etwas mehr zu sich selbst zu finden. Obendrein gibt es wohl keine Zeit im Leben, in der man so viele Kontakte knüpft.

1.2 Erste Beziehungen

Obwohl ich eigentlich viel Kontakt zu Mädels hatte, dauerte es bis Anfang 20, bis ich meine erste richtige Beziehung startete. Schon damals beschäftigten mich eigentlich die Themen, die mich später über all die Jahre begleitet haben: Nähe und Distanz, aber vor allem: das Für-sich-Einstehen. Erfreulicherweise führten wir keineswegs eine toxische Beziehung, es war alles einigermaßen normal, und ich bin froh, dass ich so einen Start hatte. Heute zumindest. Ich hätte mir nie vorstellen können, was noch kommen würde.

Als wir, Karin und ich, die erste Off-Phase hatten und uns gerade wieder annähern wollten, tauchte Mechthild in meinem Leben auf. 8 Jahre älter, super hot und damit entsprach sie – wie ich inzwischen lernen durfte – meinem hoch-toxischen »Beuteschema«. Sie war kühl und verführerisch. Dennoch zog sie mich magisch in ihren Bann, war aber natürlich nicht emotional verfügbar.

Was folgte, waren 2 Jahre schlimmster Suchtbeziehung. Es war ein Albtraum. Wir haben uns überhaupt nicht verstanden, teilten aber eine extreme Chemie, kurz gesagt sexuelle Anziehung, miteinander. Gleichzeitig durchlebten wir eine permanente Achterbahnfahrt. Sie war emotional heiß und kalt vom Feinsten, ließ mich ständig hängen, und die Stimmung konnte in Sekundenbruchteilen kippen. Zudem agierte sie sehr bindungsvermeidend: Sie stand in der Öffentlichkeit nicht richtig zu mir und war im Kontakt schwierig, etwa indem sie sich oft nicht zurückmeldete.

Eines Tages trafen wir uns, und sie erzählte, jemand habe ihr eine seltsame Diagnose vorgeschlagen. »Aha«, fragte ich, »welche denn?« – »Narzissmus«!

Aus heutiger Sicht ein Treppenwitz meiner Biografie! Damals wusste ich natürlich vom Studium her, was der Begriff meint, aber er war überhaupt nicht mit besonderer Bedeutung gefüllt. Niemand sprach über dieses heutige Buzzword »Narzisst«.

Nach zwei Jahren ging unsere Beziehung in die On-/Off-Phase, das heißt, es fand ein ständiges Hin und Her von Trennung und erneuter Versöhnung statt. Jetzt wurde es richtig schlimm. In Gedanken und Fantasien war ich wie besessen von der Beziehung. Wenn wir uns (immer seltener) mal sahen, kam ich mir nach dem Sex wie verkatert vor – ich hasste dieses Gefühl, aber fand einfach nicht raus aus der Beziehung. Stattdessen fühlte ich mich wie magisch hineingezogen, obwohl ich wusste, dass mir das überhaupt nicht guttat.

Ich durchsuchte die psychologische Bibliothek meiner Universität. Tatsächlich fand ich ein paar ganz wenige Hinweise auf Suchtbeziehungen.

Eigentlich erstaunlich, bedenkt man die frühen 90er-Jahre. Außerdem hatte ich einen wunderbaren Psychotherapie-Ausbilder, der meine Biografie sehr verstand und diese Sicht auf meine Beziehung vertiefte. Ich fühlte mich wie ein Liebes-Junkie, zum ersten Mal in meinem Leben. Ich wollte weg von ihr, aber durch die ständig wiederkehrenden Kontaktaufnahmen brachte ich es nicht fertig. Das lag auch daran, dass ich die Dynamik damals noch nicht richtig verstand und immer wieder Hoffnung hegte. Aber die Abstände der Treffen wurden länger. Nach einer dramatischen »Beerdigungs-Übung« (das nannte man damals »therapeutisches Theater«) in unserer Ausbildungsgruppe schaffte ich tatsächlich trotz großer Schuldgefühle erstmal den Absprung.

Das Suchtgefühl war natürlich überhaupt nicht vorbei! Ich klebte die – inzwischen in meiner YouTube-Community »berühmte« – 100-Tage-Liste an die Wand: 100 Tage keinerlei Kontaktaufnahmen von meiner Seite und jeden Tag ein Strich dazu, wie im Gefängnis bis zur Freiheit! Logischerweise gab es keine Handys, kein »Blocken« u.Ä., und ihre Kontaktversuche landeten daher öfter auf meinem Anrufbeantworter und in meinem Briefkasten. Außerdem traf ich sie zufällig im Alltag. Es war echt schlimm. So schlimm, dass ich konkret plante, meine Uni-Stadt zu verlassen.

Und dabei hatte ich auch noch so viel »Mitgefühl«! Eine sogenannte »shitlist« mit einer Auflistung negativer Ereignisse der Beziehung führte ich damals noch nicht! (Weiteres dazu findest du im Modul O »Soforthilfe bei akutem Liebeskummer« auf WWW.LIEBESCHIP.DE.)

Ich hatte danach zwei kurze Affären, aber machte dann eine der wenigen Dating-Pausen in meinem Leben. Und akzeptierte, dass ich erst einmal »detoxen« musste. Das tat mir unglaublich gut. Aus heutiger Sicht wirkt es wie eine Kette von Zufällen, die mich auf die richtige Spur brachten. Aber ich glaube nicht mehr an Zufälle. Es ist alles Fügung und vorgeplant. Wir können jedoch entscheiden, ob wir die Geschenke annehmen oder nicht.

Ich träumte noch von ihr, immer seltener, aber über 10 Jahre lang. Irgendwie verabschiedete sie sich im Traum auf diese Weise von mir. Oder besser: ich von ihr. Später hörte ich, dass sie nicht mehr lebte. Ich war mir aber nie sicher, ob ich eine größere Bedeutung für sie hatte. Mit den Tools, über die ich heute verfüge, hätte ich diese Beziehung, glaube ich, deutlich schneller verarbeiten können.

Nach einem halben Jahr Dating-Pause fuhr ich mit meinem damaligen Kumpel auf einen großen Kongress nach München. Es war ein erster krasser Einblick in die Manifestationsmöglichkeiten, die wir alle haben. Ich stellte mir vor, wie es wäre, auf dem Kongress jemanden kennenzulernen und dann eine Freundin in einer Großstadt zu haben. Wie man es oft nach einer bewussten Dating-Pause ist, war ich in einer sehr hohen Schwingung. Also ging ich alleine in ein Seminar, setzte mich einfach neben eine tolle Frau und sprach sie an. Wir verstanden uns und besuchten weitere Vorträge zusammen. Oh welch ein »Zufall«, sie wohnte in München in der gleichen Straße, in der wir untergekommen waren. Mal wieder ein krasses Beispiel, dass nichts zufällig ist. Eine Woche später waren wir ein Paar. Woher ich damals so ein Selbstbewusstsein nahm, ist mir ein Rätsel. Aber ich weiß aus heutiger Sicht, dass diese Dating-Pausen und unsere Wünsche ans Universum Wunder wirken können. Wir hatten eine verrückte Zeit.

Aus verschiedenen, auch praktischen Gründen gingen wir wieder auseinander, obwohl ich mich tatsächlich dafür entschieden hatte, auch nach München umzuziehen. Nun war ich in einer neuen Stadt, was ich sehr aufregend fand, und musste mich natürlich erstmal völlig neu zurechtfinden. Ich hatte (und habe) in meinem Leben nie so viel Kontakte gehabt wie in meiner Studentenzeit. Aber ich fing jetzt quasi bei null an, was mir als Plus-Pol nicht so gefiel. Deshalb stürzte ich mich zunächst ins Arbeitsleben, was sich doch als sehr aufreibend herausstellte.

1.3 Mitte des Lebens

Dic Klinik

Meine erste (und letzte) Anstellung bekam ich in einer Reha-Klinik. Es klappte direkt nach dem Studium und ich war sehr stolz. Die Arbeit dort machte mich allerdings sehr schnell demütig. Auf meiner Station wurden Menschen mit Gehirn-Verletzungen versorgt, die richtig, richtig, richtig krank waren. Es ging um schwere Unfälle, Schlaganfälle und den Zustand nach Gehirn-Operationen. Teilweise lagen sie noch im Wach-Koma (das heißt kurz gesagt, jemand hat die Augen auf, ist aber nicht wirklich wach). Und bei diesen Menschen fragte ich mich oft: Was mache ich hier eigentlich? Mit anderen Patienten konnte ich mich aber viel besser verständigen und es machte Spaß, sie zu testen, zu trainieren und etwas zu begleiten. Diese Arbeit konfrontierte mich dennoch heftig mit menschlichem Leid und zeigte mir, wie wertvoll Gesundheit ist.

Und ich lernte eine weitere Lektion. Ich und Insititutionen, wir sind kein gutes Match. Ich hatte sieben Vorgesetzte, die teilweise durchaus nett waren – oder auch nicht, aber der Rebell in mir war mit der Situation nicht zufrieden. Aus einem etwas sinnlosen Protest heraus ließ ich mir die Haare ultralang wachsen.

Die Klinik gab uns großzügig frei für unsere Therapie-Ausbildungen. Meine fand in der Toskana im Wald statt, die anderen saßen in kleinen Seminarräumen irgendwo in Deutschland – ein erster Vorgeschmack auf meinen heutigen Claim des »naisgeilen Lebens« und dass das nicht jedem gefällt. (Zum Thema Neid unten mehr S. 72)!

Zugleich war es auch die Zeit des sog. Psychotherapeuten-Gesetzes. Der Beruf des psychologischen Psychotherapeuten sollte erstmals geregelt werden – eine Sensation. Wir alle brauchten deshalb umfassende Bescheinigungen von verschiedensten Stellen. Die Art dieser Bescheinigungen entschied darüber, ob man neben der Approbation auch eine schnelle Möglichkeit erhielt, Vertragspsychologe von Krankenkassen zu werden. In einer wichtigen mehrseitigen Bescheinigung schaffte es ein Kollege, ein einziges Wort unterzubringen, das mir diesen Zugang zu den Krankenkassen beinahe versperrt hätte ... dann hätte ich vieles nochmal von vorne erarbeiten müssen. Bei der Kostenerstattung kann ich mit manchen Privatkassen zusammenarbeiten, mir fehlt aber der Arztregistereintrag, ohne den es keine Allgemeine Kassenzulassung gibt. »Formal« war die Bescheinigung zwar korrekt, aber vielleicht kann ich es so formulieren: Psychologen sind untereinander manchmal nicht die besten Freunde. Umso mehr bin ich froh, dass ich die Approbation bekommen habe. Dafür, dass ich meine Lieblingsausbildung machen konnte, war das wirklich ein toller Gewinn.

Am Anfang war ich wütend darüber, später schwor ich mir, mich nie wieder so einem »System« zu unterwerfen und nicht zu versuchen, »offiziell« in das Krankenkassen-System zu kommen. Aus heutiger Sicht bin ich diesem Menschen sogar dankbar. Ich persönlich wäre im allgemeinen Kassensystem versauert (auch wenn es an sich eine wunderbare Arbeit ist). Aber so war ich gezwungen, von nun an in meinem Berufsleben innovativ und wendig zu bleiben. Außerdem wurde mir damit ermöglicht, meinen eigenen Impulsen zu folgen. Die Arbeit innerhalb des Kassensystems ist zwar formal selbstständig, aber sie beinhaltet doch so viele Vorgaben, dass man schon ziemlich auf eine feste Therapie-Spur festgelegt ist. Auch hier hat das Schicksal mal wieder gewirkt. Wie schon Steve Jobs sagte: Manche Dinge machen erst Sinn in der Rückschau.

Paartherapie

Anfang 2000 wagte ich mich in die Selbstständigkeit. Von Anfang an liebte ich diese Art und sie blieb bis heute »voll mein Ding«. Neben meiner Tätigkeit als Neuropsychologe wollte ich gleich zu Beginn als Paartherapeut arbeiten. Das war schon Teil meiner Ausbildung gewesen, die sowieso stark auf die Arbeit mit Kontakten setzte. Außerdem stellt es einen großartigen Bereich für Psychologen außerhalb des Krankenkassensystems dar. Ich liebe bis heute diese abwechslungsreiche, dynamische Arbeit an Liebesbeziehungen.

Doch wie sollte ich meine ersten Klienten finden? Ich entschied mich für eine eigene Internetseite. Klingt so harmlos und normal heutzutage, aber im Jahr 2000 hatte fast niemand solch eine Homepage. Nicht das letzte Mal im Leben wurde ich für meine Idee ausgelacht: Wer sucht denn schon im Internet?! Es gibt doch die Gelben Seiten! Und heute: Kennen wahrscheinlich schon viele nicht mehr. Die Entscheidung zur Internetseite klappte richtig gut. Bis heute habe ich dadurch vermutlich an die tausend Paare für meine Praxis gewonnen.

Über viele Jahre war ich jetzt der »klassische« Paartherapeut; und vom Spezialisten für toxische Beziehungen weit und breit nichts zu sehen! Ich hatte das ja selber noch nicht durchschaut. und die Klienten sprachen auch noch nicht diese Themen an, wie sie heute bei mir landen.

Berufliche Ausflüge

Als Psychologe kann man so vieles machen! Das liebe ich an diesem Beruf. Ich war Supervisor in Kindergärten, in der Psychiatrie und in Wohnheimen. Nahm teil an Studien; führte viele Test-Untersuchungen durch. Und arbeitete weiter mit Schädel-Hirn-Verletzten. Schließlich führte ich auch akkreditierte Fortbildungen für Paartherapie durch – fast noch schöner als Paartherapie selbst.

Die eigenen Fortbildungen sind sehr intensiv. Es gab immer auch 4-Tage-Workshops, auf denen reichlich Gruppen- und Psychodynamik entstand – meiner Ansicht nach eine der schönsten Arbeiten als Psychologe, weil ich dort unfassbar viel gelernt habe. Und zugleich tut es so gut, sein Wissen weiterzugeben.

Teambuilding

2004 überlegte ich nach nun 10 Berufsjahren, wie ich mal aus der »Problemecke« kommen konnte, das heißt, wie ich den im Arbeitsalltag anzutreffenden ständigen Problemthemen etwas entgegensetzen könnte. Ich wollte wieder anknüpfen an die Spiel- und Spaß-Momente meiner Jugend, vor allem in den Ferienlagern. Also gründete ich »*alstertal-coaching*« und begann Teambuildings anzubieten mit Mitteln der Erlebnispädagogik.

Jedem Anfang wohnt ein Zauber inne, sagt man. Und wirklich: Es ist total aufregend, ein völlig neues Projekt zu starten. Das Coaching entpuppte sich für mich als Schritt ins echte Unternehmertum. Und es war überhaupt nicht klar, ob das dann tatsächlich auch klappt. Heute weiß ich: Dinge, die uns einfach unfassbar viel Spaß machen, sind eigentlich zum Erfolg »verdammt«.

Tatsächlich konnte ich Kunde Null gewinnen mit einem Team-Event auf einem Großsegler – auch vom finanziellen Risiko her eine ganz neue Liga für mich. Doch es war *der* Hit! Liebe auf den ersten Blick. Und ein riesi ger Schritt zu mehr naisgeilem Berufsleben. Ich kann nur empfehlen: Probier Dinge einfach aus! Natürlich ist vieles bei mir auch nichts geworden. Aber das ist egal, man muss es probieren.

Danach hatte ich Feuer gefangen und startete Team-GPS-Stadtrallyes. Damals gab es noch nicht so viele Anbieter auf diesem Gebiet und man kam im Grunde ohne Werbung aus. Was ich dabei mochte, war die technische Seite: Ich konnte Physik und Psychologie zumindest etwas kombinieren.

Später absolvierte ich noch eine herrliche Ausbildung zum Bau von Niedrig- und Hochseil-Stationen und konstruierte daraus ein Teambuilding-Format, das ich noch bis 2019 durchführte. Bis leider Corona dazwischengrätschte.

2009 kam es zu einem Wendepunkt und einer der (bisher) zwei Mega-Ideen in meinem Leben. Die neuen iPhones kamen auf den Markt. Und instinktiv wusste ich, dass die für meine Idee einfach ideal waren. Sie hatten GPS, Internet und konnten untereinander verbunden werden. Ich dachte mir eine Art »best of« aus meinen bisherigen Teambuildings aus und setzte dies mit Standard-Apps auf dem Handy zur »iRallye« um. Das Konzept schlug richtig gut ein. Für die erste iRallye in Bad Schandau kaufte ich mir zwei iPhones und kombinierte sie mit zwei Kunden-Geräten. Später griff sogar Nokia die Idee auf und lieferte mir eigene Geräte.

In langen Winterabenden überlegte ich dann, dass es natürlich noch viel cooler wäre, eine eigene App anzubieten. Deshalb schaute ich mir die Bau- und Funktionsweise mal in einer online-lecture der Universität Stanford an. Es fing als irre Fantasie an, aber auch dieser Idee sollte Erfolg beschieden sein. 2 Jahre später hatte ich eine einsatzbereite App, die ich immer mehr verfeinerte und schließlich auf iPads portierte. An die hundert Firmen haben dieses Angebot inzwischen gebucht, und es war eine geile Zeit. Ich hatte ein kleines Team von Trainern und wir tingelten durch ganz Deutschland und teilweise auch durch Europa. Jede Firma erhielt ihre ganz eigene iRallye.

Leider hatte ich damals meine Co-Abhängigkeit weder erkannt noch im Griff. Als unbewusste Folge daraus wollte ich es allen recht machen, zahlte zu viele Honorare und hatte auch nicht den Mut, in die Vollen zu gehen und das Produkt richtig zu vermarkten. Mein berufliches Leben hatte ich immer viel besser im Griff als das private – bei ersterem gelang es mir, schöne Umstände zu manifestieren. Ich war aber auch viel klarer und fokussierter, das zahlt sich dann halt aus. Was im beruflichen Bereich Fortbildungen aller Art sind, ist im privaten zum Beispiel

Meditation als eine Form innere Fortbildung. Wenn ich so viel meditiert hätte, wie ich mich um meinen Beruf gekümmert habe, wäre mir vielleicht Manches erspart geblieben.

2013/2014 kam dann der Peak. ich veranstaltete Teambuildings mit bis zu 300 Menschen, aber war natürlich immer noch kein echter Programmierer. Alles hing an der etwas zusammengestrickten Technik. Bis heute bin ich immer noch mega stolz darauf, dass und wie alles funktionierte, aber diese Zeit war manchmal unfassbar stressig. Es brauchte nur der Server abtauchen und schon ging gar nichts mehr. Ich erinnere mich an ein Erlebnis, bei dem ich zwei Teambuildings mit über 300 Menschen gleichzeitig durchführte und plötzlich ein Dienstleister und die Technik versagten.

Schließlich registrierte ich, so geht es nicht weiter. Außerdem kam es, wie es kommen musste, natürlich tauchten irgendwann Konkurrenzprodukte auf. Ich hatte damals nicht den Mut, mich dagegenzustellen oder es zumindest zu versuchen und mein Produkt besser zu verteidigen – auch etwas, was ich heute sicherlich anders handhaben würde.

In einer eigenen Coaching-Stunde entschied ich mich folglich, wieder mehr in die Praxis zu gehen, und da die Energie dem Gedanken folgt, bekam ich von diesem Moment an entsprechend weniger Aufträge.

Und jetzt das: Auch den Geldabfluss bekam ich in jenen Tagen nicht in den Griff. Ich habe immer zufriedenstellend verdient, aber Co-Abhängigkeit führt oft dazu, dass Geld regelrecht versickert. Geld ist da wie Energie.

Und schließlich fühlte ich mich auch immer noch nicht frei. Unablässig versuchte ich, der »Good guy« zu sein. Und das ist, als wenn man mit einer Handbremse durchs Leben fährt. Aber dazu später mehr.

1.4 Midlife-Crisis

Als ich die 40 übersprang, hatte ich mehr und mehr das Gefühl, dass es so nicht weitergehen konnte. Mein Berufsleben gefiel mir zwar, auch wenn ich mich weiterhin noch nicht so fühlte, wie ich eigentlich sein wollte. Aber privat wurde ich immer unglücklicher. Das scheinbar heile Vorstadtleben hatte viele Reize, aber ich passte nicht wirklich rein in dieses angepasste Milieu. Was ich nicht negativ bewerten möchte, es passte einfach nicht zu mir.

Obendrein fühlte ich mich in meiner Beziehung fortwährend eingeschlossener. Die Streits nahmen trotz aller gemeinsamer Bemühungen zu, weil ich spürte, dass ich mich beruflich wie privat nicht weiter entfalten konnte. Die Beziehung nahm schließlich nochmal einen letzten kleinen Aufschwung, um dann krachend vor die Wand zu fahren. Eigentlich wollte ich das alles nicht, ich fühlte mich doch so sehr als Beziehungsmensch. Doch im letzten halben Jahr des Zusammenseins geschahen Dinge, bei denen ich selbst meine Co-Abhängigkeit nicht mehr ignorieren konnte. Immer noch hatte ich nicht geschnallt, was eigentlich mit mir los war, immer noch dachte ich, es ist einfach eine Trennung, die halt jedem passieren kann. Die Trennung selber war sehr unangehm und langwierig, wie es dann immer so ist, aber Näheres würde den Rahmen dieses Buches sprengen.

Nun war ich also wieder richtig Single, anfangs schlicht ein Gefühl von Befreiung. Es tut einfach gut, nach Jahren des Zweifelns eine Entscheidung getroffen zu haben. Das ist so, als ob man sich im Schlamm festgefahren hat: Du versuchst am Anfang vorwärts rauszukommen. Erst wenn das nicht geht, musst du es im Rückwärtsgang probieren.

Also sortierte ich mich zunächst einmal, war viel auf dem Wasser an Nord- und Ostsee. Lernte endlich Kitesurfen. Schnell fiel ich als Single heraus aus dem Vorstadtleben hier in meiner Stadt, das vor allem auf nicht-getrennten Beziehungen beruhte. Freunde (die wohl keine waren) zogen sich fast schlagartig zurück, als ob Singlesein eine ansteckende Krankheit ist. Ich war auch noch so voller Schuldgefühle (was eigentlich absurd ist) und mit mir selbst beschäftigt, dass meine erste Wohnung noch nicht mal als Studentenbude durchgehen würde. Sie lag mitten im Wald, war voller Insekten, und es funktionierte eigentlich nicht besonders viel. Ich bin froh, dass eine der ersten Frauen, die ich länger datete, eines Abends ganz klar sagte, es sei ja ganz lustig so im Wald, aber solch eine Behausung sei längerfristig nun wirklich keine Option. Wieder stellte sich ein »Zufall« ein, dass ein eher entfernterer Sport-Kumpel zur selben Zeit baute und mir eine Wohnung in seinem neuen Haus anbot.

Nun hatte ich genug eigene Energie und es konnte wieder losgehen: zurück auf den neuzeitlichen Dating-Markt. Allen Ernstes war ich der Auffassung, dass ich ja wohl relativ schnell jemanden finden würde – für eine längere neue Beziehung. Oh wie naiv;)! Also startete ich mit der Tinder-App, die damals neu auf den Markt kam.

Man muss fairerweise sagen, dass Tinder zu Anfang nicht das anbot, was es heute ist. Es ging noch erstaunlich bemüht zu, man erhielt vernünftige Antworten und es ergaben sich auch vernünftige Dates. Ich fand das erst ziemlich aufregend und dachte mir nichts dabei, dass ich dort eigentlich niemanden so richtig cool fand und sich erstmal auch nichts Richtiges für mich ergab. Ich sah es als neue Art, meine Abende zu verbringen.

Was ich damals noch nicht wahrhaben wollte war, dass ich nicht gut allein sein konnte. Aber Achtung: Daten, weil du so einsam bist, ist wie heißhungrig einkaufen. Es kann schnell problematisch werden, weil du dann bedürftige Anziehungspunkte hast. Und diese ziehen absurderweise schnell mal das genaue Gegenteil von dir an, nämlich Menschen mit Bindungsängsten (wobei es nur ein scheinbarer Widerspruch ist, da Bindungsängstler in der Regel ja auch nicht allein sein wollen). Parallel schaute ich mich auch auf Parship um.

Relativ schnell machte ich aber seltsame Erfahrungen. Es gab Frauen, die sich zig Essen ausgeben ließen und sich trotzdem teilweise extrem unfreundlich verhielten. Auch hier verstand ich damals noch nicht, dass es nicht unbedingt darauf ankommt, 30 Dates zu machen. Und es nicht stimmt, sich einzureden, dass es »eventuell« besser wird. Und ich mich nicht zum »Leidtragenden« machen muss. Was ich aber wirklich sagen kann ist, dass jedes Date mich etwas gelehrt hat, auch wenn es oft schwierige Erfahrungen waren, und dafür bin ich verdammt dankbar. Diese Frauen haben aus mir unbeabsichtigt das gemacht, was ich heute bin – eine zufriedenere Version meiner selbst. Aber jetzt zu den klärenden »Details«:

In diesen Monaten hatte ich auch erste sexuelle Erfahrungen, die, sagen wir mal, echt speziell waren und mich ebenfalls etwas ratlos zurückließen. Auch mein »text game«, wie man heute so sagt, also die virtuelle Kommunikation auf den Dating-Plattformen, hatte nicht immer die erhoffte Wirkung. Insbesondere, als mal ein Date mir sagte, ich würde texten »wie ein Mädchen« – haha. Das werde ich nie vergessen! Aber es war okay, ich habe das mal als konstruktive Kritik angesehen. Über relativ normale Beziehungen wusste ich durch meinen Job als Paartherapeut wirklich viel, aber vom Dating hatte ich wenig Ahnung.

Folglich begann ich, Youtube-Videos über Dating zu schauen. Ein Kanal fiel mir besonders auf, weil dieser das Thema »Polarität«in den Fokus rückte.

Polarität

Polarität ist leider ein »Un-Thema« in unserer gender-orientierten Welt, in der immer alles politisch korrekt sein muss. Polarität, das ist das Prinzip des Yin-Yang, bei dem einander entgegengesetzte, aber gleichzeitig komplett aufeinander bezogene Aspekte von Männlichkeit und Weiblichkeit gemeint sind. Beide Teile brauchen sich und ergänzen sich, obwohl sie doch so polar, so unterschiedlich sind.

In meinen Paartherapien fiel mir über die Jahre immer mehr auf, *wie* wichtig das Thema ist. Insbesondere Frauen thematisierten es so oft. Egal wie viel Gender-Gesetze wir uns geben, Männer und Frauen sind zwar natürlich gleichberechtigt, aber sind – Überraschung! – nicht gleich! Und selbst wenn sie gleich wären, oder selbst wenn wir homosexuelle Beziehungen betrachten, braucht es dieses Männlich/weiblich-Wechselspiel (oder nenne es »Energie A und B«), um Beziehungen interessant und vor allem sexuell spannend zu machen. Für reine Freundschaften braucht es das nicht, da lieben wir es oft, wenn jemand uns ganz ähnlich ist. Aber in Beziehungen ist dieses Gewürz eine *notwendige* Zutat, und keine noch so gute Gesprächskultur kann das ersetzen. In der Psychologie gestaltet sich die Polarität als eines dieser »Tabu«-Themen, weil sie einfach nicht sein darf, irgendwie, so meine Erfahrung.

Es braucht für diese »Chemie« übrigens keine Übereinstimmung mit dem biologischen Geschlecht. Ein Mann kann vorwiegend in einer weiblichen Polarität sein und mit einer Frau in ihrer männlichen Polarität glücklich werden. Wir sind auch nicht festgelegt auf eine Rolle: Insbesondere im Beruf müssen zum Beispiel auch Frauen oft in ihren männlichen Anteil gehen. Für mich war das Thema eine *der* Entdeckungen in der Paar- und Dating-Psychologie. (Mehr zu »Dating und Polarität« findest du unter WWW.LIEBESCHIP.DE/DATING.)

Zurück zu meinen YouTube-Erlebnissen. Das Thema Polarität war mir schon als Paartherapeut zunehmend aufgefallen, aber hier auf diesem Kanal fand jemand die richtigen Worte, die mich elektrisierten. Ich fing bei ihm mit meinem ersten Skype-Coaching an und las sein Buch. Es veränderte meine Dating-Erfahrungen komplett …, als wenn man aus Sibirien ins warme Neapel kommt. In quasi kürzester Zeit hatte ich ganz andere Ergebnisse; wurde mutiger, selbstbewusster, und es kam viel mehr zu positiven Ergebnissen auf Dates. Da ich ja in meiner Pubertät und Jugend irgendwie nicht so richtig wusste, was ich wollte, kam ich mir jetzt vor wie ein Kind im Süßigkeiten-Laden: Auch so scheinbar unlösbare Themen wie die »Friendzone« (also dass eine Frau, die man datet, einen als »Kumpel« haben will), meisterte ich plötzlich spielend.

Trotzdem suchte ich immer noch eine neue, dauerhafte Beziehung ... und das gestaltete sich schon schwieriger. Was ich (noch) nicht verstand, war die Tatsache, dass gute Dating-Skills das eine sind. Ob man dann aber auch längerfristig zusammenpasst, darüber sagt das fast nichts aus. Insbesondere war mir nicht klar, wie mein – noch komplett ungünstig programmierter – Liebeschip mir unbewusst und weiterhin in die Quere kommen sollte. Ich dachte bis hierhin immer noch, dass ich die wichtigsten Sachen in meinen langen Lehrtherapien, die man als angehender Psychotherapeut macht, verstanden hätte. Ich dachte, ich muss nur ein bisschen suchen, und dann geht alles easy weiter. Wie sehr sollte ich mich irren! Auf mich wartete ein völlig neuer Erfahrungs-Block.

Nach geraumer Dating-Zeit hatte ich schließlich meine ersten Beziehungserfahrungen verinnerlicht und stolperte über das Phänomen, das schlussendlich zur Gründung von den Liebeschip-Programmen führen sollte. Freundinnen verhielten sich seltsam, schrieben nicht zurück, Dates blieben aus, Sex verschwand plötzlich für längere Zeit, es gab kaum Commitments (tiefere Beziehungen), und wenn doch, dann führten sie zu noch mehr Rückzugsverhalten. Wenn ich so etwas ansprach, war stets alles meine Schuld, oder schon das Ansprechen allein führte zu noch mehr Genervtheit bei den Partnerinnen.

Heute weiß jeder, der meine Angebote nutzt, was das heißt: Bindungsangst! Man mag es kaum glauben, aber dieser Begriff war mir bis dahin recht selten untergekommen. Ja, ich hatte 15 Jahre als Paartherapeut gearbeitet, aber zu mir kamen so die typischen Langzeit-Paare, bei denen nach zig Jahren der eine Partner einmal fremdgeht und Ähnliches. Bindungsangst konnte man da nicht wirklich verorten (dachte ich zumindest).

Eine Freundin brachte mich dazu, die frühen Bücher von Stefanie Stahl zu lesen – und plötzlich machte vieles Sinn. Trotzdem konnte ich es kaum fassen, dass dieser ganze Themenkomplex so schwierig war. Ich hatte auch noch keine Vorstellung davon, wie sehr Bindungsangst oder ganz allgemein das Vermeiden von Commitments aus verschiedensten Gründen verbreitet war, insbesondere im Bereich des Online-Datings.

Ich war keine 20 mehr, ich war in den 40ern und gleichwohl in einem ganz anderen Jahrtausend. Als ich das letzte Mal gedatet hatte, in den 90ern, lernte man sich live und in Farbe kennen, knutschte einmal rum, den nächsten Tag wieder und war dann eben ohne viel Gequatsche zusammen. Heute schreibt man sich tagelang, trifft sich, schläft schnell mehrfach miteinander und muss dann hören, »dass es doch nicht so klick gemacht hat« – und bleibt dann ratlos zurück.

Auf meiner Seite musste ich entdecken, dass ich mich noch viel zu sehr antriggern ließ, schimpfte, auch genervt wurde und (wie ich heute immer sage) meine Spielfläche nicht richtig sauber hielt. Kurz gesagt: Ich schoss verbal zurück. Unter diesen Kontakten litt ich echt.

Zum Glück hatte mich mein erster amerikanischer Coach schon vorgeimpft. Er war zwar kein Bindungsexperte, aber ich verstand inzwischen schon, dass man frustrierende, toxische Beziehungen nicht einfach laufen lassen und über sich ergehen lassen sollte. Von »Standards« und »Dealbreakern« wusste ich noch nichts, nur eine vorsichtige Ahnung von diesem Thema. Außerdem begann ich zum ersten Mal, mich richtig mit englisch-sprachiger Literatur zu Co-Abhängigkeit zu beschäftigen.

Co-Abhängigkeit

Co-Abhängigkeit ist ein Begriff, der zuerst in der Behandlung von Suchtkranken, insbesondere Alkoholabhängigen geprägt wurde. Er meint das Verhalten des nicht-suchtkranken Partners, der versucht, den anderen zu retten oder aus seiner Erkrankung »herauszulieben«. Er ist zu viel »nett«, wenn er oder sie eigentlich ärgerlich sein sollte, vermeidet Konflikte, verhält sich überempathisch und meint, für alles erst einmal Verständnis aufbringen zu müssen, auch wenn dies die eigene Selbstaufgabe bedeutet. Co-Abhängige zahlen praktisch ständig drauf und sitzen auf einem riesigen Frust-Berg. Sie haben den Glaubenssatz: Wenn ich nur ganz

ganz doll liebe und mich selber dafür aufgebe, dann werde ich auch geliebt. Dieser Glaubenssatz ist aber leider komplett weit weg von der Realität. Ein solches Verhalten gründet sich auf mangelnder Selbstliebe und emotionaler Abhängigkeit von anderen (zumindest im Beziehungsbereich) und hat meist seinen Ausgangspunkt in einer schwierigen Kindheit und/oder einfach einer entsprechenden Charakter-Ausprägung. Im englischen Sprachraum hat sich der Begriff »codependency« inzwischen erweitert auf potenzielle Probleme in der Partnerschaft allgemein, nicht nur bei Suchtkranken, sondern genauso bei untherapierten Narzissten, Borderlinern, Soziopathen, Bipolaren usw. Das heißt jetzt aber nicht, dass Co-Abhängigkeit bei diesen Mustern immer so sein muss, es gibt durchaus andere Konstellationen. Inzwischen setzt sich diese Begriffserweiterung auch im deutschen Sprachraum langsam durch.

Selbstverständlich kann der Co-Abhängige eigene weitere psychische Auffälligkeiten aufweisen. Wichtiger ist hier die Paardynamik: Wer zahlt drauf, und wer lebt mehr auf dem Ticket des anderen. Co-Abhängige haben oft das Mantra: »Du bist toll, aber ich nicht« und treffen zugleich Partner, die genau das entgegengesetzte Mantra vor sich hertragen: »Ich bin toll, du aber nicht«. Das ist der entscheidende Punkt. Es geht dabei nicht darum, jetzt den Schuldigen zu suchen. Sondern hier zeigt sich einfach eine erstklassige Täter-Opfer-Beziehung, wie ich sie inzwischen lieber nenne, in der beide aus unbewussten Dynamiken heraus ihre Rollen einnehmen, die manchmal sogar von Beziehung zu Beziehung wechseln können. Wenn du dich fragst, ob du eine Aufgabe mit Co-Abhängigkeit hast, frag dich einfach, ob du permanent Energie, Geld usw. in Beziehungen verlierst. Bist du immer derjenige, der die Überstunden auf der Arbeit macht? Besuchst du jedes Mal den oder die anderen im Krankenhaus, bleibst aber selbst allein? Nach solchen Mustern ist zu schauen. (Mehr dazu findet sich unter WWW.LIEBESCHIP.DE/PLUS-POL.)

Zurück zu meiner Geschichte: Endlich akzeptierte ich, dass ich meine Kindheit (oder das, was ich an generationsübergreifenden Familientraumata mitgebracht habe) trotz einiger Therapien vielleicht doch nicht so schadlos überstanden hatte, wie bisher angenommen. Ich hatte ein fettes Thema mit »codependency«, der Co-Abhängigkeit. Und erkannte, wie heilsam dieser Begriff mit der viel breiteren Auslegung im Englischen wirkte. Trotzdem: Es war ein Donnerschlag! Wie konnte ich das all die Jahre übersehen haben? Zu meiner (und deiner) Entlastung: Es geht nicht nur mir so. Diese Themen bleiben halt lange unbewusst, auch wenn die Umgebung sie schon längst erkannt hat.

Indem ich mein bisheriges Wissen einsetzte, konnte ich mich in ungünstigen Beziehungssituationen schon besser wehren, hielt es aber immer noch für »Pech« oder die berühmte Ausnahme, einfach permanent »die Falsche« zu treffen.

Tatsächlich erlebte ich daneben auch andere Beziehungs-Verläufe. Ich hatte in diesen Jahren gelegentlich ruhigere Beziehungen, die ich zunächst sehr genoss. Aber mir war noch nicht bewusst, dass ich auch etwas dramasüchtig war. Irgendwie stand ich noch auf diesen »Kick« von tumultartigen Beziehungen. Außerdem ist es ja nicht damit getan, dass das Miteinander einfach nur ruhig verläuft. Die Umstände und das Timing müssen stimmen und überhaupt so viel mehr. Folge: Ich kam über die 200-Tage-Grenze einfach nicht hinaus.

Was ist die 200-Tage-Grenze?

Es gibt eigentlich zwei Schallmauern in startenden Beziehungen. Die erste stellt sich nach 100 Tagen ein. Nach dieser Zeitspanne fallen eigentlich die krassesten Inkompatibilitäten der Partner auf, das, was beim jeweils anderen so gar nicht gut verträglich ist. Selbst Menschen mit starken Bindungsproblemen können sich nicht länger verstellen.

Dann dauert es aber häufig noch bis zur 200-Tage-Grenze, bis die Beziehung ganz auseinanderfällt, wenn diese Inkompatibilitäten zu groß sind. Dazu kommt, dass die Verliebtheit nach einigen Monaten erstmals abzunehmen beginnt und bisher verdeckte Probleme stärker freilegt. Etwa 60 % der Beziehungen überleben diese ersten Monate nicht. Danach sinkt erst einmal das Trennungsrisiko.

Und wieder zurück zu meinen dramaverliebten Kickbeziehungen. Ich hatte so langsam mein inneres Kind im Blick, was ich aber überhaupt nicht im Blick hatte, war mein innerer Jugendlicher. Der wollte Spaß haben, es krachen lassen, viele verrückte Situationen erleben. Das klappte auch oft – aber alles hat halt seinen Preis. Insbesondere wenn man eben nicht mehr 18 ist (wobei das natürlich auch nur ein bestimmtes mindset ist). Mein Preis hieß: Alle Beziehungen waren nur von kurzer Dauer.

Wie auch immer: Ich hatte nun also das Thema Bindungsangst kennengelernt und ahnte, dass ich vielleicht doch ein kleines bisschen zu bedürftig agierte; dass diese beiden Dinge irgendwie zusammenhängen. Ich spürte, dass ich eben doch zu sehr Liebe im Außen (also nicht in mir, sondern bei anderen Menschen) suchte, vor allem nachdem sich selbst Freunde so sehr zurückgezogen hatten.

Aber es sollte noch schlimmer kommen, weil dann das Thema »manipulative Kommunikation« in mein Leben trat. Eigentlich trat es nicht in mein Leben, eigentlich kannte ich es schon längst, hatte es aber unwissentlich schlicht übersehen. Und das geschah so: Ich kam mit einer Außendienstmitarbeiterin mit zwei Kindern zusammen. Wir legten einen grandiosen Start hin, und ich war heftig verliebt. Das einzig Störende war, dass schon ab dem dritten Date Dinge irgendwie seltsam liefen und ich immer wieder Rat bei Freunden suchte. Sie kritisierte mich schon früh wegen irgendwelcher Nichtigkeiten. Es kam ständig etwas dazwischen, Treffen wurden umgelegt, trotzdem wurde jedes Mal heißes Interesse geschworen. Wie ich heute weiß, ist das ein Merkmal von toxischen Beziehungen, bei denen eigentlich von Anfang an der Wurm drin ist. Du willst es nur nicht wahrhaben. Weil du in dieser Art von Beziehungen so wunderschön abgeholt wirst – bis du plötzlich fallen gelassen wirst.

Ziemlich schnell kam es zu typischen Schmerzmomenten. Mir war klar, dass das nicht nur an mir lag, dennoch suchte ich stets danach, ob ich nicht zu viele Erwartungen an sie hatte. Auch hier habe ich inzwischen die Erfahrung gemacht, dass das ein ganz schlechtes Zeichen ist. Es kommt in sicheren Beziehungen kaum vor.

Aufgrund des Jobs und der Kinder gab es tausend Gründe, warum wir uns kaum treffen konnten. Entweder war sie gar nicht da, komplett nicht erreichbar oder die Kinder standen im Weg, die ich natürlich auch am besten erst nach 10 Jahren kennenlernen sollte. Wenn ich heute darüber schreibe, muss ich schmunzeln. Es war ein Irrsinn, in so einer Beziehung zu bleiben, aber ich wusste es eben nicht besser. Ich hatte meine Standards und Dealbreaker eben noch nicht klar.

Schon nach wenigen Monaten landeten wir in einer On/Off-Dynamik. Mal war ich so richtig liebessüchtig und kam einfach nicht von ihr los. Hatte ich es doch geschafft, stand sie plötzlich wieder vor der Tür, schrieb Briefe, versuchte alles zu erklären, bat um Verständnis. Das mit dem Verständnis blieb über all die Jahre mein wunder Punkt – blöderweise kann ich mich in fast alles und alle hineindenken, vielleicht hängt das auch mit meinem Beruf zusammen. Besser sollte man diese Fähigkeit aber auch dort, im Berufsfeld, lassen, im privaten Bereich akzeptiert man sonst unter Umständen Dinge, die man auf keinen Fall hinnehmen sollte.

Als sie merkte, dass ich aber doch einen immer festeren Stand fand, erhöhte sie auch ihre Einsätze. Ihre Familie und auch viele ihrer Freunde hatte ich übrigens immer noch nicht kennengelernt. Sie fing nun an, Dinge für die Zukunft zu versprechen. Ein gemeinsamer Urlaub. Ihre Eltern endlich kennenlernen. Die Kinder ebenfalls. Leider aber passte ihr Verhalten im Hier und Jetzt *null* dazu. Unser Zusammensein wurde also noch irrwitziger und quälender.

Inzwischen hatte ich ein paar Punkte in meinem bisherigen Leben miteinander verbunden und sah, dass sich die gleiche toxische Dynamik wie in meinem Studium wiederholte. Nun gab es aber das Internet und viel mehr Quellen, und so fand ich – wieder in den USA – einen love-addiction-Psychologen (love-addiction: Liebessucht). Ich wusste, dass eine solche Sicht auf die Dinge für mich am meisten Gewinn bringen würde. In Deutschland fand ich das nicht, in meinem nahen (auch professionellen) Umfeld schon mal gar nicht. Da hieß es: »Hab Geduld«, »dann ist eben mal on/off«, »das wird schon« usw. Solche Durchhalteparolen triggerten mich inzwischen total an. Aber jetzt konnte ich mich selbst mit dieser wunderbaren Begleitung immer besser verstehen, weil auch mein Therapeut das alles kannte und die richtigen Begriffe für mich hatte. Folglich verschlang ich nun auch Literatur zu diesem Thema. Und lernte das Konzept von »Standards« und »Dealbreakern« kennen.

Was versteht man unter »Standards« und »Dealbreaker«?

Der Einsatz von *Standards* dient dazu, schlicht und ergreifend seine eigenen Beziehungsziele im Blick zu behalten. Man macht sich nicht mehr abhängig von den Launen des Partners, sondern kommuniziert seine Wünsche. Natürlich kann und soll man sich nicht immer durchsetzen. Deshalb sind Standards *verhandelbar*. Beispiele dafür sind, wie häufig man sich sieht oder miteinander telefoniert. Es geht um die Dinge, die dir in einer Beziehung wirklich wichtig sind.

Dealbreaker sind Standards, die *nicht verhandelbar* sind. Beispiele sind hier mangelndes Commitment, Lügen, Fremdgehen und Ähnliches. *Das* Merkmal toxischer Beziehungen ist, dass der Partner auf deine Versuche, Standards umzusetzen, pfeift. Das wird natürlich nicht zwingend so zwischen euch ausgesprochen. Aber irgendwie gibt es fortgesetzt meist absurde Gründe, warum der Partner irgendein völlig normales, in einer Beziehung erwartetes Verhalten nicht umsetzt. Dealbreaker führen zum Abbruch einer Beziehung.

In meinen eigenen toxischen Beziehungen war ich teilweise einfach fassungslos, wie ganz simple Wünsche, die einem wahrscheinlich irgendein Fremder auf der Straße erfüllen würde, ignoriert wurden.

Ein weiteres Problem in diesem Zusammenhang sind Doppelstandards. Hier hat der Partner sehr klare bis überzogene Standards (zum Beispiel eine extreme Eifersucht), verhält sich aber selbst nicht loyal (heimliches Fremdflirten). (Mehr dazu findest du unter WWW.LIEBESCHIP.DE/STANDARDS.)

Dieser neue amerikanische Coach war sehr einfühlsam, aber machte mir unmissverständlich klar, dass da irgendwann einmal ein Ende sein musste in meiner Beziehung. Aber er äußerte sich auch nie wertend oder beschämend, also verhielt sich mir gegenüber genau so, wie ich es in dieser Situation brauchte.

Ich sollte bald diese neuen Erkenntnisse praktisch anwenden können – leider. Ein gemeinsamer Urlaub wurde geplant und angesetzt, und etwa vier Wochen vorher ging der Mist wieder los, dass es »Probleme« gäbe und eine Verschiebung »angesagt« wurde. Ich beschloss, endlich zu mir zu finden und aus dieser Sache einen Dealbreaker zu machen. Also sagte ich klipp und klar: Wenn dieser Urlaub platzt, sind wir geschiedene Leute. Das stieß natürlich auf wenig Begeisterung und die Bitte, ich solle doch verständnisvoll sein, dann steigernd: Ich sei egoistisch, ich wäre so hart. Egal. Ich ließ mich nicht mehr abbringen. Als der Urlaub dann wirklich ins Wasser fiel, packte ich meine Koffer.

An dieser Stelle sei noch gesagt, dass ich Menschen für ihre Art der Kommunikation nicht global verurteilen möchte. Selbst hoch-manipulatives Verhalten stellt eine *Wahl* dar, die jemand trifft: So und so argumentiere ich, auf diese Art erreiche ich das, was ich will. Natürlich ist das nicht wirklich unbewusst, eher halb-bewusst, und es hat Konsequenzen, so etwas zu tun. Man wird irgendwann irgendwie dafür Verantwortung zu tragen haben. Aber es sind dennoch Wahlen, die wohl in der Regel aufgrund eigenen erlebten Schmerzes und eigener Traumen getroffen werden. Es ist halt eine andere Art, mit Schmerz umzugehen. Ich möchte diese Menschen nicht *ver*urteilen, aber ich darf natürlich für mich persönlich festlegen, dass ich solches Verhalten in meinem Leben nicht mehr dulde. Dazu aber später im Buch mehr ...

Danach gab es dann noch viele Versuche, mich wieder ins Boot zu holen, ich hatte auch einen kleinen »Rückfall«. Wie ich heute weiß, gehören Rückfälle einfach dazu. In diesem Fall hatte mich eine dritte, befreundete Person wieder »reingequatscht«. Man ist einfach so wahnsinnig empfindlich in der Zeit und die liebessüchtige innere Stimme sucht so nach Gründen, den Beziehungsfaden wieder aufzunehmen.

Aber ich merkte endlich, dass diese Frau mich nicht wirklich liebt, auch wenn sie das womöglich glaubt. Kaum war ich wieder bei ihr, ging das komische Verhalten direkt von Neuem los. Später kam es auch noch zu Ereignissen, die ich unter Stalking und Nachtreten fassen würde. Aber auch das waren Erfahrungen, die mich darin bestärkt haben, wie richtig es war zu gehen. Wenn schon in der Beziehung Grenzen verletzt werden, passiert das halt in und nach der Trennung auch.

Die Entdeckung, dass es eine ganz eigene, total destruktive Beziehungsform gibt, in der ganz eigene Dynamiken vorkommen, war für mich revolutionär. Wahrscheinlich genauso intensiv erhellend, wie es vielen Zuschauern manchmal auf meinem YouTube-Kanal ergeht. Ich persönlich habe diese Sichtweise geliebt, weil sie mich endlich verstehen ließ. Ich hatte versucht, in Deutschland dazu zu arbeiten, fühlte mich aber von den deutschen Coaches bzw. Therapeuten nicht verstanden. Meist hört man nur die Ratschläge, »noch mal zu reden«, oder es »noch mal zu versuchen« usw. Genau diese Ratschläge stimmen natürlich in einigermaßen normalen Beziehungen, aber das toxische Beziehungsleben tickt leider total anders.

Dieser Blick auf Beziehungen scheint mir eher in der amerikanischen Selbsthilfe-Szene beheimatet zu sein, die sich außerhalb oder am Rande der Schul-Psychologie abspielt. Er ist in den USA nach meiner Wahrnehmung viel breiter ausgeprägt als in Deutschland. Man sollte dabei nie vergessen, dass die Psychologie deutlich facettenreicher ist als das, was gerade akademisch angesagt ist. Ich finde es gut, Dinge, psychologische Methoden auch mal selber in die Hand zu nehmen. Du kannst durchaus selber beurteilen, ob dir ein bestimmtes Vorgehen nun geholfen hat oder nicht.

Inzwischen hält auch hier in Deutschland der Begriff der »toxischen Beziehung« vermehrt Einzug. Ich vermute, daran habe ich einen nicht unerheblichen Anteil, auch wenn sich wenige Kolleginnen und Kollegen explizit auf mich beziehen. (Mehr dazu gibt es auf www.liebeschip.de/toxik.)

1.5 Änderung meines Liebeschips

Ich hatte jetzt den Punkt erreicht, *wirklich* einmal auf mich zu schauen. Wieder fühlte ich mich in diesem grässlichen Liebeskummer gefangen. Und suchte weiter nach Antworten, wie man damit umgehen und wie man das alles einordnen kann. Die wichtigste Regel, die sich selbsterklärende *Null-Kontakt-Regel*, kannte ich ja schon. (Ich habe heute noch einen ganzen Email-Ordner mit Mails, in die ich nie wieder reingeschaut habe ☺)

Mit den neuen Quellen, die mir zur Verfügung standen, suchte ich nach weiteren Hilfsmitteln, fand gute Werkzeuge und integrierte sie später in meinem ersten Online-Kurs: »Soforthilfe bei Liebeskummer« (das heutige Modul 0 auf WWW.LIEBESCHIP.DE). Ich lernte nach und nach, nicht nur »im Außen« (also per Handy, Internet, Telefon, Brief etc.) auf Null-Kontakt zu gehen, sondern auch im Inneren keinen Kontakt mehr zu suchen – via Nachdenken und Nachgrübeln. Fazit: Ich schenkte der ganzen Sache einfach keine Energie mehr. Ins Schleudern brachte mich allerdings, dass meine Ex tränenreich gemeinsame Freunde anrief, und diese wiederum mich streng anfunkten, ob ich denn nicht doch zu hart sei mit der armen Frau. Nein, ich denke nicht. Aber solche »Tests«, die das Universum für einen bereithält, sind wirklich gemein ☺.

Mir wurde zunehmend klar, dass diese glasklare Sichtweise auf Beziehungen nirgendwo in meinem Umfeld verankert war. Wie oben beschrieben stellte ich außerdem fest, dass sie eigentlich in ganz Deutschland kaum wahrgenommen wurde.

Nichtsdestotrotz: Der Liebeskummer war furchtbar. Mir wurde schon bewusst, dass hier alte Wunden aufbrachen, dass sich vor allem mein vernachlässigtes Inneres Kind meldete. Aber es blieb eine echt schwere Zeit. Nur mit Netflix-Serien konnte ich mich total ablenken, ansonsten leckte ich meine Wunden. Dann probierte ich etwas ganz Neues aus: Ich ging in eine SLAA-Gruppe (Sex & Love Addicts Anonymous), eine Selbsthilfe-Gruppe, die sich u.a. auf Liebessucht spezialisiert hatte. Auch dort habe ich extrem viel gelernt, die regelmäßigen Sitzungen taten mir gut. Diese Gruppe arbeitete nach dem Zwölf-Schritte-Prinzip, die ursprünglich die Anonymen Alkoholiker für sich entdeckt hatten. Zwölf Schritte, die man auf seinem Weg zu durchlaufen hat. Sehr spirituell, und zugleich sehr bodenständig. Ich möchte diese Selbsthilfe-Arbeit ausdrücklich empfehlen, man muss aber die richtige Gruppe finden, die zu einem passt. Meine war eine internationale Online-Gruppe, die auch wirklich auf Liebessucht spezialisiert war und nicht, wie in Deutschland oft, auf Sexsucht.

Auf der anderen Seite ist das Format in seinen selbst gewählten Regeln tatsächlich sehr streng, auch sehr hierarchisch aufgebaut (das ist aber nur meine Meinung!). Auch bin ich mir nicht so ganz sicher, ob diese Selbst-Stigmatisierung in der heutigen Zeit bei diesem Thema noch so nötig ist. Die Energien auf unserer Erde schwingen inzwischen viel höher und es sind andere Dinge möglich, als sie noch vor 100 Jahren möglich waren.

Aber auch hier hatte das Universum für mich schon einen eigenen Plan. Ich kam bis Schritt 7 (sowieso der wichtigste aus meiner Sicht), und wie aus dem Nichts löste sich die ganze Gruppe auf und ich hörte nie wieder etwas von ihr. Also nahm ich das mal als Zeichen, dieses Kapitel zu beenden. Da ich mit negativen Folgen meiner katholischen Erziehung zu kämpfen hatte, war ich auch ganz froh darüber. Denn das Format erinnerte mich doch in einigen Punkten daran, und das triggerte mich teilweise sehr an.

Never trust a Guru

Insgesamt halte ich es für außerordentlich wichtig, dass man seinen ganz eigenen Weg geht. Mir ist es zigmal so ergangen, dass ich eine andere Quelle von Information, Coaching oder Therapie auf »ein Podest« gehoben habe, um nach einiger Zeit festzustellen: Ja, es war an einigen Punkten sehr schön hilfreich, und dafür bin ich dankbar, aber zugleich merke ich, dass ich scheinbar zu klein von mir gedacht habe. Ich habe zuweilen andere idealisiert, bis sie irgendwann etwas total Krasses gemacht haben, das mir in völligem Widerspruch zu den eigenen Lehren zu stehen schien. Natürlich ist so ein Verhalten menschlich. Aber genau darauf will ich hinaus: Es sind eben alles nur Menschen und keine Gurus oder Heilige – und dir vielleicht nur einen winzigen Schritt voraus. Zwar hat jeder Kontakt seinen Grund und ist deshalb ein Geschenk für dich. Das heißt aber nicht, dass dein »Lehrer« *alle* Lebensprobleme gelöst hat. Mich hat die Zusammenarbeit mit Lehrern oft weitergebracht, aber dann kamen auch die Momente, in denen ich festgestellt habe, dass ich mich verändert habe und es einfach nicht mehr passt. Manchmal gab es dabei sehr plötzliche oder ruppige Abschiede, aber selbst die waren lehrreich für mich.

Ich denke, es ist total gut und schön, Mentoren und Lehrer zu suchen. Manche bleiben lange, manche kurz. Und dann braucht es wiederum den Mut weiterzugehen, um die eigene Größe neu zu entdecken.

Tatsächlich führten exakt die Maßnahmen, wie ich sie heute in meinem Liebeskummer-Kurs anbiete, zu meiner Besserung nach etwa 4 Monaten. Für einige Zeit nahm mich eine andere nette Seele unter ihre Fittiche, die meine Situation kannte. Es war mir echt schlecht gegangen, aber endlich tauchte ich wieder auf, obwohl ich das Ganze noch nicht wirklich überwunden hatte. Zur Erinnerung: Die Beziehung war ja eigentlich nicht so toll. Nur meine Wunden lagen nun offen vor mir. (Spoiler: Heute interessiert mich die Beziehung übrigens überhaupt nicht mehr. Ich kann nur noch milde darüber lächeln und hege auch keinen Groll mehr. Als kleiner Hinweis für die, die sich fragen, ob das jemals aufhört.)

Gegen den Rat meines Coaches plante ich also wieder zu daten. Ein paar Versuche, die ich machte, verliefen allerdings völlig irrsinnig. Dates wurden abgesagt und unter ellenlangen Entschuldigungen wieder zugesagt. Andere verhielten sich völlig zusammenhanglos. Eine Frau, die ich ganz nett fand, sagte mir nach 3 Dates, dass sie lieber »befreundet« sein möchte. Ich hatte mich inzwischen so weit entwickelt, dass ich solche Dinge kategorisch ausschloss. Und sagte ihr klipp und klar, dass ich sie als »Freund« nicht haben möchte. Sie flippte daraufhin völlig aus und beleidigte mich. Widerstrebend akzeptierte ich, dass es wohl doch noch nicht die richtige Zeit zum Daten war.

In der Folgezeit las ich mehr und hörte mehr. Und kam schließlich zu einem ganz anderen Lehrer, einem Brazilian Jiu-Jitsu-Trainer – und Coach.

Prompt probierte ich mal diesen Sport aus, ließ es aber nach zwei Muskelfaserrissen dann doch lieber sein. Er lehrte mich tatsächlich Selbstliebe mit vielen kleinen Übungen, die später ebenfalls in meine Arbeit einflossen.

Dieser Coach überzeugte mich erfreulicherweise von der so einfachen *Dating-Pause*. 3 bis 6 Monate lang kein Sex, kein Dating, kein Flirt, nichts – für mich bis dahin eine kaum vorstellbare Übung. Es war irgendwie ganz anders als erwartet – nämlich großartig. Niemand, über den man sich Gedanken machen musste. Kein »Suchen«. Keine Unruhe. Gleich am zweiten Wochenende wollte mich eine Frau mit nach Hause nehmen: Ich ließ es sein! Und es tat mir total gut. Diese Auszeit ließ mich endgültig weiterkommen. Ich fühlte mich danach frei und innerlich viel stärker, ich wusste, dass mich im Leben kein Liebeskummer mehr brechen würde und ich ab jetzt die Kraft haben würde, jederzeit zu gehen.

In diese Phase fiel noch mein runder Geburtstag, und ich wusste nicht so recht, was ich damit anfangen sollte. Ich dachte, es wäre eine nette Selbstliebe-Übung, einmal ganz allein in der Woche in der Halle Snowboarden zu gehen. Tatsächlich traf ich in der Halle nur eine Person, mit der ich mich sofort anfreundete und wir total lustige Stunden hatten. Das Universum unterstützt einen wirklich in solchen Zeiten!

Danach »suchte« ich im klassischen Sinne nur noch bei zwei Gelegenheiten. Einmal wurde ich eingeladen, mir mal ein Speed-Dating anzuschauen. Das war eine Katastrophe, denn inzwischen war ich doch so bekannt, dass mich sofort ein paar Leute einordnen konnten. Das gleiche passierte, als ich mich kurz nochmal auf Tinder einloggte.

Ein Tinder-Date kam dennoch zustande. Wir aßen zusammen Mittag und die Dame sagte mit ständig, wie begeistert sie sei und dass wir doch bitte sofort ein neues Treffen ausmachen sollten. Um mir dann abends telefonisch mitzuteilen, dass »die Chemie« nicht stimmen würde. Verrückt. Ein Irrsinn. Ich nahm es als Zeichen, dass diese

Art der Suche für mich vorbei war. Die vielen anderen wirren Erfahrungen im Online-Dating will ich gar nicht alle beschreiben. Natürlich gab es auch eine Menge schöner Abende, aber letztendlich finde ich das extrem mühsam.

Von diesem Moment an »suchte« ich von meiner Seite aus fast gar nicht mehr, und, oh Wunder, die nächsten Dating-Situationen fielen mir quasi mehr oder weniger vor die Füße. Aber auch das brachte seine Probleme mit sich, diesmal jedoch ganz andere.

Mein inneres Thema in dieser Zeit hieß *Selbstliebe* – und damit, aus meiner Sicht, untrennbar verbunden auch das Thema *Spiritualität*. Eine Frage trieb mich um: Warum passiert mir das alles? Und warum in einem schon leicht fortgeschrittenen Lebensabschnitt?

Ich kann jetzt hier nur meine Antworten schildern, die ich für mich gefunden habe. Aber ich glaube schon, dass diese auch auf viele andere zutreffen können, doch dazu mehr im zweiten Teil des Buches. (Oder in der Selbstliebe-Challenge, wenn du magst, auf WWW.LIEBESCHIP.DE/SELBSTLIEBE.)

Ich verstand vor allem die zentrale spirituelle Botschaft: So wie du dich selbst behandelst, so spiegelt dir die (Um-)Welt deine Gedanken und Handlungen zurück. Ich hatte jahrzehntelang gedacht: Es ist doch nicht so schlimm, wenn man heimlich in Gedanken auf sich selbst rumhackt. Was macht das schon aus, wenn man streng mit sich selbst ist? Die Antwort ist: Es macht alles aus. Es ist alles innen, in dir drin. Und das Außen reflektiert das nur irgendwie.

Und nochmals ganz klar: Ich hatte im meinem Leben eigentlich meist angenommen, dass dieses Gedankengewitter in meinem Kopf ja mit der Realität da draußen nicht viel zu tun hat. Jetzt dämmerte es mir so langsam, dass das wohl überhaupt nicht so ist. Im Gegenteil.

Also wollte ich herausfinden, was ich so den lieben langen Tag halbbewusst über mich dachte. Und schrieb ausgiebig und viel Tagebuch. Mein erstes Ergebnis: Ich war doch etwas schockiert. Zweite Übung: Ich versuchte, die negativen Kernsätze herauszufiltern. Außerdem arbeitete ich ganz viel mit Trance- und Meditationsübungen. (Die entsprechenden Techniken dazu findest du übrigens in meinem Modul 2 auf WWW.LIEBESCHIP.DE.)

Als ich alles zusammenfasste, stellte sich neben weiteren Erkenntnissen vor allem eine Aussage ein: »Ich bin nicht gut genug!« – der Kernsatz des co-abhängigen Menschen. Unwillkürlich musste ich fast darüber lachen, da ich offensichtlich einigen Erfolg im Leben in anderen Bereichen, z.B. beruflich hatte, aber eben nicht im Beziehungsbereich.

Konsequent versuchte ich jetzt, viel mehr auf meine Gedanken zu achten, und verwendete meine Energie darauf, mir selber Gutes zu tun, mich selbst wie einen Star zu behandeln. Das fiel mir richtig, richtig schwer, weil ich total verinnerlicht hatte, erst mal stets an andere zu denken. Es ist wie bei der Sicherheitseinweisung im Flugzeug: Als erstes sollte man sich selber die Sauerstoffmaske aufsetzen, und *dann* dem Nebenmann. Alles andere macht überhaupt keinen Sinn – eigentlich eine so simple Erkenntnis, aber ich hatte 50 Jahre dafür gebraucht.

Es ist übrigens keineswegs so, dass diese Arbeit einfach ist. Ich arbeite da bis heute dran, und es wird peu à peu etwas besser. Der Grund dafür besteht darin, glaube ich, dass es nicht nur um persönliche Strukturen geht, die du verändern musst, du arbeitest irgendwie zeitgleich an deinem ganzen Familienssystem, das ja bestimmte Glaubenssätze tradiert. Und ich bin überzeugt, wir arbeiten außerdem auch an den ganzen Jahrtausenden Täter-Opfer-Energien auf der Erde.

In diesem Zeitraum fiel erstmals der Begriff *naisgeil*. Ich glaube, es passierte nach einem Vortrag in der Pause, in der ich »meinte«, die beiden Wörter nice und geil kurz hintereinander gehört zu haben. Noch heute bekomme ich beim Schreiben eine Gänsehaut, weil diese beiden Begriffe als *ein* Wort bei mir ankamen und einschlugen wie eine Bombe: Darum ging es doch, sich selber ein *naisgeiles Leben* zu machen und nicht zu erwarten, dass ein Partner das für mich übernimmt. Mich »ganz« macht, mich mit dem auffüllt, was mir fehlt.

Ich erkannte, dass ich mit »Beyoncé« auf Dauer unglücklich werden würde, wenn ich mit meinem sonstigen Leben ebenso unglücklich war. Keine Frau kann mich »glücklich« *machen*, wenn ich nicht mit meinem Leben schon zufrieden bin.

Naisgeiles Leben

Der Begriff *Naisgeiles Leben* ist neben der Umprogrammierung des Liebeschips zum Synonym für meine Arbeit geworden. Ich liebe ihn, weil er einfach direkt und emotional ausdrückt, worum es mir geht: Dass wir uns selber ein schönes Leben schenken! Dass wir auf unsere Schöpfer-Kräfte vertrauen. Das Wort ist völlig unpsychologisch und das Gegenteil von einem Fachwort. Dennoch versteht es jeder sofort ... und das ist genau der Vibe, mit dem ich meine Arbeit aufgebaut habe.

Aber Obacht! Er polarisiert auch unglaublich! Meine nicht wenigen Gegner haben sich alle auf diesen Begriff gestürzt. Man sollte doch nicht jedem Menschen einfach sagen, dass er oder sie ein naisgeiles Leben haben könnten. Doch, denke ich, das kann man. Wenn einer das schaffen kann, können es andere auch. Wir sind meiner Erfahrung nach irgendwo alle gleich, alle ein Kollektiv. Das Missverständnis beginnt schon beim Inhalt: Es geht mir gar nicht um materielle Dinge oder um Dauerparty. Naisgeiles Leben beschreibt einen Weg, immer auf sich zu hören und das Schöne im Leben zu suchen. Es kann bedeuten, jede Nacht rauszugehen und sich die Sterne anzuschauen. Es kann bedeuten, jeden Tag in die Natur zu gehen und zu meditieren. Es kann bedeuten, den ganzen Tag in meiner Arbeit aufzugehen, meinen Hobbys, meinem Engagement. Ich erlaube mir wortwörtlich, mein ideales Leben zu erträumen und dann mal zu schauen, was passiert und wie ich es umsetzen kann!

In meinem Fall überlegte ich mir entschlossen, was ich im Leben eigentlich noch erreichen wollte und was für Träume ich noch habe. Ich stellte nichts mehr in Frage und sagte mir immer wieder: »Es darf sein!« Parallel dazu fing ich viele neue Hobbys und Projekte an in dieser Zeit und nahm erstmals meine Lebensträume richtig ernst.

Nach etwa 4 Monaten konsequentem Arbeiten an mir bzw. am Thema Selbstliebe, völligem Detoxen von allem, was mit Beziehung usw. zu tun hatte, fühlte ich mich wieder bereit zum Neustart, zum Daten. Ich wollte aber nicht mehr auf herkömmliche Online-Börsen gehen. Und tatsächlich fiel mir meine dann folgende Beziehung förmlich vor die Füße.

1.6 Das Liebeschip-Konzept

Meine Erfahrungen bis hierhin haben mich zutiefst geprägt. Und ich ahnte, dass es da noch mehr zu entdecken gab. Also suchte ich weiter und das Universum ließ mich über das Buch von Ross Rosenberg »The Human Magnet Syndrom – Why We Love People Who Hurt Us« stolpern. Außerdem strauchelte ich obendrein über die Arbeit von Nathalie Lue aus England (mit ihrem Buch »Mr. Unavailable and the fallback guy«). Zusätzlich schaute ich unendlich viele YouTube-Videos. Nathalie Lue schenkte mir sehr viel neues Vokabular und auch die lockere, coole Art, an Themen heranzugehen. Rosenberg lieferte mir wiederum die theoretische Untermauerung, wie »normale« und »toxische« Beziehungen in einem Konstrukt angeschaut werden können. Außerdem beschreibt er sehr eingängig die fatale Anziehung zwischen Co-Abhängigen und narzisstischen Menschen.

Co-abhängig liebt narzisstisch

Du fragst dich vielleicht, warum meist ein Co-Abhängiger und ein eher narzisstischer Mensch zusammen leben und nicht zwei Co-Abhängige zum Beispiel. Man kann da sicherlich einige Punkte für die zweite Variante finden, aber vor allem würde es schlicht und einfach nicht funktionieren. Ein sehr narzisstischer Mensch wird häufig auf Dauer nur von den grenzenlosen Co-Abhängigen ertragen. Er sucht ja ein Gegenüber, das ihn rund um die Uhr umsorgt, bewundert, lobt, streichelt usw. Auf der anderen Seite braucht der Plus-Pol sein »Projekt«, einen Menschen, den er verändern, retten will, nur um seine eigenen schmerzvollen Wunden und seine innere Leere nicht anschauen zu müssen. Außerdem benötigt er jemanden zum Bewundern und Idealisieren. Es ist wie überall im Leben, die Gegensätze ergänzen sich. Das Universum spiegelt uns dabei immer wieder, und darin liegt keine Wertung. Unsere Seele will sich vielfältig erleben. Und außerdem brauchst du manchmal die Extreme, um zu fühlen, was du wirklich willst. Wenn du erst einmal einen Blick dafür bekommen hast, siehst du praktisch an jeder Ecke die Beziehungen, in denen einer zu aggressiv, zu heftig, zu emotional ist und der andere zu still, alles eindeckend, alles ausgleichend.

Ich habe dann eine Skala (von Ross Rosenberg, der darin ein Spektrum von Co-Abhängigkeit bis Narzissmus aufträgt) übernommen und erweitert auf das Verhalten eines Paares bezüglich Bindungsangst und Verlustangst und zusätzlich die Pole so verändert, dass Bindungsängstler nun die Minus-Pole sind und Verlustängstler die Plus-Pole.Die Skala ist angelegt von +5 bis -5. (Die Null ist ein ausgeglichener, bindungssicherer Mensch. Je mehr du ins Plus gehst, desto mehr kreist du um andere und vergisst dich. Je mehr du ins Minus gehst, desto mehr kreist du um dich und baust emotionale

Schutzmauern.) Diese Einteilung sagt zentral aus, dass stabile Paare immer eine Nullsumme bilden. Also ein extrem co-abhängiger Plus-Pol (+5) zieht zum Beispiel einen extrem bindungsvermeidenden oder sogar egozentrischen Minus-Pol an (-5). In dem Moment, wo sich der Plus-Pol aus der extremen Co-Abhängigkeit herausarbeitet, ist die Nullsumme nicht mehr gegeben und die Beziehung wird instabil.

»Normale« Paare befinden sich in diesem Modell im Bereich von +2 bis -2 und darunter. Wobei normal einfach gesünder bedeutet und nicht, dass toxische Beziehungen in irgendeiner Hinsicht seltener sind. Ganz im Gegenteil! Und auch normale Paare streiten sich natürlich oder leiden unter Trennungen.

Jetzt hatte ich eigentlich alles zusammen, um meine Arbeit mit Paaren, die ich seit 14 Jahren durchführte, auf toxische Beziehungen zu erweitern. Ein kleines logistisches Problem ergab sich allerdings, weil die Interessenten natürlich überall im deutschsprachigen Raum wohnten und nicht mal eben in meine Praxis-Räume nach Hamburg kommen konnten. Also fing ich an, an vielen Orten 2,5-Stunden-Seminare anzubieten. Und plötzlich entdeckte ich auch den richtigen Claim dazu, den ich schon immer mal in meine Videos einfließen ließ, ohne viel darüber nachgedacht zu haben: Die »*Umprogrammierung des Liebeschips*«.

Nun fehlte mir nur noch der letzte Zufall, der natürlich wie immer im Leben keiner war: Am Ende eines Coaching-Gespräches, als ich gerade schon auflegen wollte, sagte mein Gegenüber plötzlich: »Hey, warte mal. Wären nicht auch Online-Kurse etwas für dich?« Ich hatte da noch nie drüber nachgedacht, weil für Psychologen eigentlich das persönliche Arbeiten im geschützten Raum absoluter Standard ist. Aber, wie man jetzt in den Corona-Monaten noch viel mehr sieht, ändern sich die Zeiten. Die Menschen wollen wieder mehr in ihrem Tempo leben. Sie wollen auf günstige Weise das pure Wissen bekommen, ohne den Live-Coach mit dazubuchen zu müssen. So entstand nach und nach mein Kurssystem als Erweiterung meiner stationären Arbeit. Endlich glaubte ich mich am Ziel meiner Suche – doch mein Weg war noch lange nicht zu Ende, was ich mir aber damals beim besten Willen nicht vorstellen konnte.

Der Liebeschip ist eine härtere Nuss, als man zunächst denken könnte. Es bedeutet einen riesigen Schritt nach vorn in der eigenen Entwicklung, mental zu erkennen, was in einem seit der Kindheit passiert ist. Ich würde immer noch sagen, es ist der Hauptschritt. Der Hauptschritt aus diesem ewigen Opfer-Gefühl, was du in toxischen Beziehungen mit dir herumschleppst. Ich denke, nicht nur für mich, sondern für viele da draußen war und ist das ein »Heureka«-Moment. Alles macht plötzlich Sinn und es gibt einen Namen dafür. Aber es ist nicht das Ende des Prozesses. Diese Erkenntnisse dann wirklich zu fühlen und sie damit ins eigene Leben zu holen, ist schwieriger, als man denkt.

1.7 Toxische Beziehungen und Spiritualität: der kurze Weg

Quälende, schmerzvolle toxische Beziehungen lassen uns zunächst völlig ratlos zurück. Der ganze Schmerz kommt einem sinnlos vor.

Wenn man mehr auf der Täterseite steht, erlebt man diese Beziehungen vielleicht distanzierter. Man erlebt sich ja meist gar nicht als Täter, sieht häufig nicht, was man mit sich und dem Partner anstellt, und will es oft auch gar nicht sehen. Aber andere Menschen zu benutzen bzw. auf das Energie-Ticket anderer zu leben, ist leider auch nicht wirklich glücklich machend. Und es hat seinen Preis: Wenn ich Manipulation, Kälte und Wut in Beziehungen hineingebe, kann ich nicht erwarten, Liebe zurückzubekommen.

Ich versuche immer, unseren jetzigen Kenntnisstand, was Beziehungen betrifft, in ein Großes und Ganzes einzuordnen. In unsere Menschheitsgeschichte, die ja eine Geschichte der Beziehungen ist. Leider kann ich ein umfassendes Bild noch nicht richtig sehen, nur Ahnungen äußern: Diese wunderschöne Erde scheint (bisher) kein Urlaubsplanet zu sein. Jahrtausende lang haben wir hier das Täter-Opfer-Spiel durchlebt und dabei viele Traumata erfahren. Auf eine schräge Art haben wir vielleicht dieses Spiel sogar in seinen ganzen Ausprägungen genossen. Wir waren garantiert auch nicht immer nur Opfer! Aber jetzt gehen diese Zeiten langsam zu Ende, meine ich. Weil wir das oft unbewusste zwischenmenschliche Geschehen immer mehr verstehen – und dann verändern können. Toxische Beziehungen sind daher definitiv ein Auslaufmodell, wir wollen wieder in die echte Liebe kommen. Aber noch schleppen wir diese ganzen alten Wunden mit uns herum.

Tatsächlich kommen wir andererseits durchaus voran, so nach meiner Sicht. Wenn wir uns einmal die Beziehungen unserer Eltern- oder Großeltern-Generation ansehen, dann erkennen wir vielleicht längere Ehen. Aber die Toxizität scheint mir damals noch viel größer gewesen zu sein als heute, nur zwang die gesellschaftliche Konvention die Menschen, darüber hinwegzusehen, sich hindurchzuquälen und nach außen eine Hülle des Schweigens darüberzulegen.

Was wäre, wenn toxische Beziehungen zumindest in heutiger Zeit kein Versehen, kein Fehler wären, sondern ein Weg, um uns ganz gezielt weiterzuentwickeln? Beziehungsweise überhaupt das Bewusstsein dafür zu entwickeln, dass wir ein gewaltiges Entwicklungspotenzial innehaben? Wenn alles Friede, Freude, Eierkuchen ist, warum sollten wir uns überhaupt weiterentwickeln? Man kann Ähnliches bei Drogenproblemen gut sehen: Schmerz wird vermieden und betäubt ... in der Folge bleibt aber die persönliche Entwicklung (erstmal) stehen. Bis auch da der erlebte Schmerz uns wieder weitertreibt und verändert. Das klingt zynisch. Aber genesene Alkoholiker erzählen beispielsweise, dass sie im Nachhinein ihren Weg als Geschenk betrachten, der sie von unguten Familienregeln und schädlichen Einstellungen zu einem besseren Leben gebracht hat.

Oft führen erst die irrwitzigen Beziehungen dazu, dass wir uns nachhaltig mit Dingen wie Autonomie, Selbstliebe oder Bewusstseinsentwicklung befassen. Das Stoßen an diese Grenzen unseres bisherigen Beziehungsverhaltens kann einen enormen kreativen Schub erzeugen, insbesondere in der Opfer-Position. Dafür müssen wir aber *zwingend* unseren Opfer-Status verlassen. Solange wir nur mit dem Finger auf andere zeigen, bleiben wir stehen, haben vielleicht etwas verstanden, aber setzen es nicht um.

Wir müssen und dürfen verstehen, dass niemand uns in unserer persönlichen Entwicklung wirklich stoppen kann. Dass die Grenzen letztlich immer nur in uns selber liegen. Und wir deshalb Veränderung leben können.

Das heißt aber keineswegs, dass wir toxische Beziehungen schönreden oder nicht ganz klar unsere Meinung dazu kundtun sollten. Man darf die Ebenen nicht verwechseln. Ich kann mich auf einer Handlungsebene ganz klar abgrenzen von bestimmten negativen Verhaltensweisen und auch meine Enttäuschung und meine Wut darüber fühlen. Und gleichzeitig verstehen, dass ich auf einer übergeordneten Ebene etwas Wichtiges gelernt habe und mir diese Beziehung etwas zeigen, spiegeln kann.

Insofern kann man durchaus dem Satz zustimmen: Jede Beziehung ist gerade die Richtige. Jede Beziehung spiegelt das wider, was in mir aktuell los ist.

Jetzt fragst du dich vielleicht: Soll das heißen, ich habe dieses ganze Elend verdient? Schmerz und Leid sind per se sinnvoll? Nein, auf gar keinen Fall. Ich meine damit Folgendes: Im Plus-Pol oder auf der Opfer-Seite gibt es einen Punkt, an dem du zu lange in deinem Elend steckst und die Zeichen einfach nicht sehen wolltest. Das ist selbstverständlich völlig menschlich und normal. Aber der Schmerz will dich zu Neuem treiben, dir Schubkraft verleihen, dich mit dir und deinen Gefühlen zu beschäftigen – vor allem anderen im Alltag. Wenn dann das Bewusstsein über die eigenen Verhaltens- und Beziehungs-Muster wächst, bekommst du ganz neue Möglichkeiten an die Hand. Und neue Verantwortung. Weil du jetzt eigentlich weißt, wie das Spiel funktioniert und welche Spielregeln es zu ändern gilt.

Also, toxische Beziehungen können der schnelle Fahrstuhl zur Weiterentwicklung sein. Wenn man die Lektionen nutzt und dann auch die entsprechenden Konsequenzen zieht und seine eigene Seele für absehbare Zeit in den Fokus stellt.

Warum manche Menschen davon ganz viel bekommen und andere wenig, das ist schwer zu sagen. Vielleicht haben wir alle diesen Lebensplan, und manche haben sich einfach richtig viel vorgenommen. Es bringt auch nichts, zu jammern. Damit machst du dir den Weg noch schwerer, auch wenn es so verständlich ist. Wir sollten auf das hoffen, was kommt, wenn wir den Berg bezwungen haben. Und das sind Freiheit, Liebe und innere Stärke – keine leeren Versprechungen, sondern die Erfahrungen derjenigen, die sich auf den Weg gemacht haben.

Ich muss sagen, ich bin über diese Erfahrungen sehr stark zur *Spiritualität* gelangt. Wobei auch dieser Weg ein langsames Vortasten ist, ich tue mich mit vielem sehr schwer, was es da alles auf dem »Markt für sinnvolles Leben« gibt. Aber diese zutiefst verstörenden Beziehungen stellen einfach die Sinnfrage. Man kann sich schlicht nicht vorstellen, dass man so etwas »zufällig« erlebt. Toxische Beziehungen führen offensichtlich manchmal zum »Erwachen«. Vielleicht, so denke ich bisweilen, durchleben und durchleiden wir sie jetzt hauptsächlich deshalb. Dazu aber mehr im zweiten Teil dieses Buches.

1.8 Tests des Universums

In meiner Zeit der Umprogrammierung des Liebeschips gab es diverse »Tests«. Diese Tests erleben praktisch alle meine Klienten bzw. ich lese häufig davon in ihren Mails. Du hast dich mühsam aus einer toxischen Beziehung herausgearbeitet und denkst dann erleichtert: »Das war es jetzt! Ich hab's endlich verstanden!« Aber tatsächlich serviert einem

»das Universum« weitere Gelegenheiten, das Gelernte umzusetzen und zu vertiefen.

Sind es wirklich Tests vom »Universum«? (Manche nennen es Schicksal, höhere Macht oder Gott). Ich weiß es letztlich nicht. Eine andere Erklärung für diese Tests könnte sein, dass du deine Anziehungspunkte einfach noch nicht genug verändert hast und weiter ähnliche Typen von Mensch anziehst. Was mit diesen Anziehungspunkten gemeint ist, dazu später mehr. Aber nehmen wir ein Beispiel:

Nehmen wir einmal an, du hast ausgeprägte Glaubenssätze in der Art, dass du nicht gut genug bist und nicht wirklich liebenswert. Dann neigst du automatisch dazu, Menschen anzuziehen, die dir genau diese Erfahrungen widerspiegeln. Diese Zusammenhänge kannst du vielleicht zu einem bestimmte Zeitpunkt verstanden haben, das heißt aber noch lange nicht, dass du diese Muster damit schon wirklich aufgelöst hast. Leider sind Glaubenssätze häufig recht unbewusst. Und somit ziehst du unbemerkt weiter ähnliche Partner an, hast aber jetzt die Chance, ihn abzulehnen und dadurch positiv auf deine Glaubensmuster einzuwirken.

Eine dritte Möglichkeit wäre, dass du einfach noch zu viele prägende Erlebnisse aus deiner Biografie oder deinem Ahnensystem abzuarbeiten hast. Also erst eins nach dem anderen. Aber letztlich läuft alles auf das gleiche hinaus: Haben wir unsere Lektionen wirklich verstanden?

Während ich das schreibe, merke ich, wie mein eigener Frust über solche Erfahrungen fast verflogen ist. Ich weiß, dass auf der Seelenebene alle diese Frauen (und auch sich in Freundschaften ähnlich verhaltene Männer) hilfreich für meine Entwicklung waren. Viele Erfahrungen fühlten sich letztendlich gar nicht so schlimm an, sie haben nur immer neue Aspekte aufgezeigt.

Ich will diese – teilweise sehr kurzen – Interaktionen und Zwischenstationen gar nicht alle detailliert aufzählen, sie spiegeln sich sicherlich sehr gut in dem wider, was ich von Zuschauern meines YouTube-Kanals vorlese. Man könnte zusammenfassen, dass es viele »Spielchen« waren oder unklare Situationen, was nicht bedeuten soll, ich hätte mit den

Personen nur rumgespielt und sie nicht ernst genommen. Einige Beispiele sollen genügen:

- Online-Dating: Ich lerne eine Frau kennen über mehrere Dates hinweg, auch auf meiner Seite ist echtes Interesse. Nach diesen Dates ist die Frau sehr interessiert, allerdings an einer reinen Freundschaft. Ich finde sie echt nett. Doch mein Standard ist halt, dass ich als Single mit niemandem befreundet sein möchte, mit dem ich mir mehr vorstellen kann. Ich lehne schweren Herzens ab. Schon allein deshalb nicht, weil ich mir später nicht Stories anhören möchte, wie sie jemand anderen kennenlernt, die große Liebe. Sie ist darüber unfassbar enttäuscht und gekränkt, sodass sie mich sogar beschimpft und ich online geblockt werde.
- Online-Dating: Alle Varianten von Unpünktlichkeiten, Spielchen, kleinen Lügen, unklarem Verhalten bis hin zu Nicht-eindeutig-interessiert-Sein oder Heiß-kaltem-Verhalten habe ich erlebt. Es lohnt sich gar nicht, Näheres aufzuzählen, denn jeder kennt diese Geschichten, der herkömmliches Online-Dating macht. Das Frustrierende ist, dass du oft gar nicht merkst, wenn jemand Spielchen mit dir spielt. Und umgekehrt: Man glaubt sich häufig selber die Dinge, die man sagt.
- Real life: Dates werden abgesagt und unter vielmaligen Entschuldigungen wieder angesetzt und anschließend wieder abgesagt. Auch das finde ich eine der frustrierendsten Erfahrungen: Letzten Endes kennst du ja dein Gegenüber nicht und weißt nicht wirlich, was da alles im Kopf oder im Leben los ist.
- Real life: Kennenlernen mit Körperkontakt, »Kuscheln«, aber es geht nicht weiter bzw. es gibt kein klares Beziehungsangebot. Auch das wirkt völlig irritierend.
- Online-Dating: Unklare Situationen mit einem Ex, der plötzlich aus dem Nichts wieder aufgetaucht ist, du selbst hast aber schon eine neue Beziehung. Ja, das kennen alle Zuschauerinnen und Freunde meines Kanals ...: Aber jetzt bitte keine Dreiecksbeziehung. Wieso

viele Menschen noch ihre »Exen« im neuen Leben rumspielen lassen, habe ich bisher nicht wirklich verstanden (anders ist das natürlich, wenn Kinder eine Rolle spielen).

- Real life: Flirten und fragwürdige Kommunikationen mit anderen Männern. Ja, da fällt mir spontan eine Situation mit einer Frau ein, mit der ich in einer übervollen Bar hockte. Ich hatte sie im Arm, das war schön. Aber sie hat wirklich mit jedem Mann, der vorbeikam, ein Gespräch angefangen. Mich regte das unheimlich auf, sie fand es total normal. Leider hat es mich damals noch viel zu sehr geärgert, als das einfach kühl zu registrieren und meine Schlüsse daraus zu ziehen.
- Empathielosigkeit beim Daten oder von Anfang an zu viel Kritik. Gut, das ist leicht festzustellen. Zum Beispiel, wenn jemand einen echt miesen Witz auf deine Kosten zum Besten gibt, vor allem über Punkte, an denen deine Schwächen liegen. Aber du willst es in so einer Situation einfach nicht glauben, dass das gerade passiert ist. (Kleiner Spoiler schon mal: Witze auf deine Kosten sind genau so gemeint, wie sie rüberkommen. Das war kein Versehen!)

Dazu muss man sagen, dass ich schon stark geschaut habe, mit wem ich mich überhaupt treffen will. Soll heißen: Die gelernte Lektion für mich war einfach, dass man Menschen mit bestimmten Themen weiterhin anzieht, solange man selbst da noch nicht 100 % klar ist. Und dass man diesen Themen einfach nicht entkommen kann. Im Prinzip sind sie Schritt für Schritt zu beackern, und dann triffst du auch Schritt für Schritt andere Dates.

Die obige Aufzählung soll auch nicht andeuten, dass ich immer »alles richtig« gemacht habe. Inzwischen kann ich Dating-Prozesse recht radikal abbrechen, das gefällt auch nicht jeder. Aber ich bin bestimmt nicht perfekt. In letzter Konsequenz passt man halt nicht zusammen. Und je früher du das erkennst, umso besser.

Dazwischen erfuhr ich selbstverständlich total schöne Kennenlern-Situationen, die aus anderen Gründen irgendwie nicht geklappt haben, manchmal war es einfach nur ein unterschiedlicher lifestyle oder auch eine zu große räumliche Entfernung. Manchmal weiß man es auch selber nicht so richtig, warum es nicht funktioniert.

Summa summarum war das eine verrückt schöne Zeit (wenn man versucht, es positiv zu sehen). Dennoch: Irgendwann fühlte ich mich, ehrlich gesagt, total gefrustet und habe mich selbst in Frage gestellt: Sind meine Ansprüche zu hoch? Bin ich vielleicht doch so kompliziert? Soll ich womöglich Menschen daten, die ich nicht richtig attraktiv finde? Nur weil sie erst einmal »nett« sind?

Die Antwort ist (das habe ich damals aber nicht so gesehen), dass ich mich selbst noch nicht genug angenommen hatte. Dass ich mich selbst zu kritisch betrachtete und Entsprechendes von außen reflektiert bekam. Außerdem hatte Dating für mich eine zu hohe Priorität. Ich konnte das vor allem merken, als ich eine Dating-Pause von einigen Monaten einlegte und plötzlich, genau in dem Moment, Frauen vermehrt auf mich zukamen. Diese Reaktion zeigte mir, dass ich mich offensichtlich zu »needy« verhielt, Beziehung und Nähe zu sehr *wollte*. Zu sehr im Außen suchte, obwohl diese Begriffe doch eher in meinem Inneren zu bearbeiten waren.

Außerdem stellte ich fest, dass das mit der Attraktivität Quatsch ist. Also dieser Gedanke, (aus der eigenen Sicht) schöne Menschen sind per se toxischer oder egozentrischer. Ich traf auch Leute, die ich überhaupt nicht attraktiv fand und die sich wie die berühmte Axt im Walde benommen haben, wie man in Westfalen sagt. Und es gibt, kaum zu glauben, Menschen die attraktiv *und* nett sind. Aber mal ehrlich: Dating heutzutage ist manchmal echt ein Irrsinn, oder?

1.9 Mein Ego

Nachdem meine Bekanntheit wuchs, gedieh natürlich auch mein »Marktwert« auf dem Dating-Markt. Vielleicht boomte er aber auch nur, weil ich viel cooler geworden bin ☺, keine Ahnung! Offensichtlich fiel ich viel mehr auf und war nicht mehr so unsichtbar wie früher. Parallel dazu wurde ich sowieso selbstbewusster, weil ich durch die Dating-Erfahrungen mit Frauen immer sicherer wurde. Meine »Erfolge« nahmen auf jeden Fall zu, welche von den beiden oben genannten Gründen welchen Anteil dazu beisteuerte, weiß ich letztendlich nicht.

Ich fand diesen Wandel mega witzig und auch ein bisschen wie als Kind im Süßigkeitenladen. So viele Gedanken habe ich mir allerdings gar nicht darüber gemacht. Es war nur für mich extrem, da meine Jugend quasi dating-technisch ausgefallen war.

Auch in dieser Zeit entwickelte sich manche Erkenntnis nur langsam. Zum Beispiel erkannte ich nicht so klar, dass mein innerer Jugendlicher oder junger Erwachsener geradezu auf die Gelegenheit gewartet hatte, endlich mal mehr Aufmerksamkeit zu erleben. Außerdem meldete sich heimlich und massiv mein Ego.

Inzwischen verbesserte ich nicht nur meinen Status, ich hatte mir ja auch selbst viel bessere Dating-Skills beigebracht. Mit der Folge, dass ich nun Frauen erreichte, die vorher etwas außerhalb meiner Möglichkeiten lagen –wohlwissend, dass diese Begrenzungen eigentlich gar nicht existieren (sie sind nur im eigenen Kopf) und es doch so sehr um das Mindset geht.

Natürlich gibt es viel wichtigere Dinge als Äußerlichkeiten, aber mein Ego wollte da leider nichts von wissen ☺. Das führte nochmals in eine vertiefte Auseinandersetzung mit meinen Anteilen beim Daten und meiner damaligen Situation insgesamt. Ich sammelte zwar echt verrückte Erfahrungen, musste aber feststellen, dass diese eher auf mein Drama-Konto gingen.

Außerdem wurde mir klar – eine für viele wahrscheinlich völlig banale Erkenntnis –, dass nicht alle Frauen mein Bestes wollten, und nicht allen Frauen ging es in letzter Konsequenz um mich persönlich. Sie wollten auf meinem Rücken ihr Business errichten, ich sollte für eine Art Austausch herhalten – wie ein Handel: Du darfst mich daten, dafür bekomme ich deinen fame mit ab. Ich dachte zunächst: Na gut, warum nicht. Musste aber feststellen: Das hat mit Liebe nichts zu tun. Mein Date ist vielleicht nicht gerade jemand, der das Wesen in mir liebt.

Es ging ihr wohl mehr um das, was ich darstellte ... Aber das ist eine ganz andere Geschichte.

Zeitgleich entdeckte ich: Das Ego führt nicht unbedingt zur Sättigung der Seele. Das schöne Gefühl, begehrt zu sein auf dem Dating-Markt – dieser Effekt nutzt sich sehr schnell ab. Letzten Endes ist es dann ein Kompatibilitätsthema im Dating, wenn nur dein Ego die Beziehung toll findet, aber der Rest von dir einfach nicht passt. Folglich brauchte es noch ein paar blutige Nasen für mein Ego, damit es sich in die zweite Reihe setzte und damit zufrieden war.

Dabei ist mir aufgefallen, dass auch in den Reaktionen meiner YouTube-Zuschauer starke Ego-Themen zu entdecken sind. Wenn es »nur« die Erfahrungen des inneren Kindes wären oder eine »schwierige Kindheit«, dann würde an zahllosen Beziehungen nicht so endlos festgehalten. Bei ganz vielen toxischen Verbindungen gibt es einen (vermeintlichen) Ego-Gewinn. Typische Beispiele sind Männer mit Status (Beruf, Geld) oder Frauen, die als besonders attraktiv wahrgenommen werden. Manchmal handelt es sich um einen Partner, dessen »Rettung« als besonderes Ego-Projekt erscheint.

Der Klassiker für Männer verkörpert oft den Retter-Mann, der eine »gefallene« Frau erlösen will (die aber gar nicht gerettet werden will, sondern nur von männlicher Energie leben will). Dies wird z.B. wunderbar im Film Pretty Woman verarbeitet. Oder die co-abhängige Frau mit dem coolen Surfer, der aber leider ständig kifft.

Der Klassiker für Frauen hingegen ist, dass sie auf einen tollen Mann reinfallen, der signalisiert, für sie würde er sein von Affären geprägtes Leben von Grund auf ändern.

Das ist vielleicht auch ein Grund, warum es in toxischen Beziehungen öfters große Altersunterschiede in beide Richtungen gibt. Aber Achtung: Das heißt im Kehrschluss nicht, jede Beziehung mit viel Altersabstand sei toxisch.

Das Ego

Was ist denn eigentlich das Ego? Darauf gibt es natürlich eine Million Antworten. Aus meiner Sicht würde ich sagen, es ist der Fleisch gewordene Teil unseres innersten Wesens, projiziert in unser Bewusstsein. Das Ego ist nichts Böses, wir brauchen es und dürfen es lieben. Was im Spirituellen vielleicht mit Seele umschrieben wird, umfasst in unserer körperlichen Realität das Ego. Zusammen mit dem Verstand sammelt es Informationen, lernt, bildet quasi eine praktische »Schnittstelle« zur Außenwelt. Außerdem übernimmt das Ego eine wichtige Schutzfunktion: Es möchte uns bewahren vor körperlichen und psychischen Schäden. Das verhält sich alles wunderbar und soll auch so sein.

Inzwischen avancierte bei uns das Ego leider zum Showmaster und strunzt oft ganz weit vorne auf dem Fahrersitz unseres Lebens. Und unser Ego ist nun mal ... ja ... ego-istisch ☺ – wie das Wort schon ausdrückt. Es denkt in erster Linie an sich, will um jeden Preis überleben und obendrein am besten immer gewinnen. Es kann sich nicht so gut selber versorgen und meint daher, fortwährend Aufmerksamkeit, also Energie von anderen zu brauchen. Das Ego ist nie wirklich oder lange satt, es geht immer noch ein Mehr. Noch ein paar mehr Euros auf dem Konto, noch ein Auto mehr, mehr Essen, noch mehr Anerkennung und am allermeisten noch mehr »geliebt werden«. Dafür kämpft es regelrecht. Das Ego will grundsätzlich die Nr. 1 sein, weil es sich dann am wenigsten bedroht fühlt.

Unser Ego ist zugleich eng verbunden mit dem sog. »Schmerzkörper«, einem Konzept des Autors und spirituellen Lehrers Eckhard Tolle. Der Schmerzkörper ist quasi die Ansammlung aller Traumatisierungen und Schmerzerfahrungen aus meinem Leben, teilweise aber auch aus der eigenen Familie bzw. dem kollektiven Bewusstsein meiner Umgebung (in Deutschland zum Beispiel die Kriegserfahrungen des 2. Weltkrieges). Er ist wie das Ego ein eigener Bereich in unserem System.

Wenn der Schmerzkörper also eine, sagen wir mal, verbale Verletzung registriert, möchte das Ego am liebsten sofort zurückschlagen, anbrüllen oder sich verteidigen. In diesem Schmerzkörper zu sein, kann sich sehr bedrohlich anfühlen (es geht ja auch um Bedrohung), aber es können andererseits sehr gute Empfindungen entstehen, wenn mein Ego zugleich meint, genug Macht zu haben. Auch Rachegefühle sind hier beheimatet.

Wenn wir in einem Streit nicht in unseren Schmerzkörper gehen wollen, müssen wir das richtig üben. Das erweist sich echt als sehr sehr schwer. Nicht in den Schmerzkörper gehen heißt: Ich höre zu, nehme die Verletzung durch mein Gegenüber wahr, ich nehme meine Gefühle dazu wahr, aber schieße nicht impulsiv zurück. Auf diese Art halte ich meine eigene Spielfläche sauber. Das zu tun, erfordert aber, dass du dich deinen eigenen inneren Schmerzpunkten stellst und dich dir selber zuwenden darfst. Der Gewinn dieses Vorgehens stellt sich ein (und dieser Gewinn ist sehr groß!), indem ich die Chance bekomme, meinen eigenen Schmerzkörper in kleinen Stückchen und allmählich abzubauen. Dieses besonnene Vorgehen verbessert auch meine Sicht auf die Beziehung, die ich zu meinem Gegenüber habe. Wenn ich immer wieder direkt in Streitgespräche einsteige, gebe ich meinem Gegenüber den Raum, mich abzuwerten (»du machst das doch auch«, »schlimm, wie du streitest«). Wenn ich aber ruhig und bei mir bleibe, kann ich besser sehen, ob dieser Kontakt mir gerade wirklich guttut, oder ob ich durch weitere Wutäußerungen erneut verletzt werde.

Das Ego ist aber auch stark im Stolz, es möchte schön dastehen in der Gemeinschaft. Daher spricht das Ego natürlich eine gehörige Portion mit bei der Partnerwahl. Es geht nicht nur darum, wie gut wir uns verstehen, es geht immer auch darum, was wir attraktiv finden. Aber was finden wir denn attraktiv? Wenn wir mehr aus dem Herzen als aus dem Ego agieren, finden wir »herzliche« Qualitäten attraktiv. Wenn das Ego stärker agiert, finden wir Dinge wie Status, Geld, (körperliche) Attraktivität aus Sicht der anderen wichtig. Nicht vergessen sollten wir, dass das Ego auch die Mauern um unser Herz gebaut hat, die uns heute so zu schaffen machen. Es baut diese Mauen, weil es uns eigentlich schützen will.

Nun ist es aus meiner Sicht überhaupt nicht falsch, das Ego in unseren Alltag wie unsere Beziehungsthemen mit einzubeziehen. Schließlich haben wir es ja nun mal. Es sollte aber vielleicht nicht unbedingt den Showmaster in unserem System spielen.

Es macht auch keinen Sinn, Partner zu suchen, die zwar total nett sind, bei denen du aber keinerlei Chemie verspürst. Vom Mindset her ist es keinesfalls so, dass du nur »eines« haben kannst: Das Sprichwort »Lieber ein Spatz in der Hand als eine Taube auf dem Dach« bzw. alle Varianten davon wie zum Beispiel, »ich kann nur nette unattraktive *oder* toxische attraktive Partner kennenlernen«, sind spiritueller Quatsch. Es handelt sich letztlich um limitierende Glaubenssätze in dir drin, die mit der Wirklichkeit nichts zu tun haben. Wenn du allerdings dein Ego weit über den ganzen Rest deiner Persönlichkeit stellst, dann wird es echt schräg.

Ich sehe mich als eine Art »High Performance Coach«, indem ich Menschen dazu ermutige, bei der Partnersuche wählerisch zu sein und selbstbewusst genug, genau hinzuschauen. Es ist alles im Kopf. Es gibt nicht diese Beschränkungen. Dazu aber mehr im zweiten Teil.

1.10 Die neue, sichere Beziehung

Ich erlebte nun ehrlich eine lange Serie von toxischen Beziehungen, nicht alle, aber sie bilden schon ein echtes Thema in meinem Leben. Ein paar Mal dachte ich: Oh, jetzt habe ich eine wirklich stabile Beziehung gefunden … und dann war es doch wieder so wie gehabt bzw. es stellte sich als ein neuer Test heraus, ein neuer Aspekt … Anders ausgedrückt: Ich selbst war noch nicht so weit.

Wie oben beschrieben, habe ich gleichfalls diese Retter-Krankheit. Zuweilen meinte ich: Hey, ich hab' es so drauf, ich bekomme das schon hin mit »dem bisschen Bindungsangst oder mangelnder Empathie« mir selbst gegenüber. Um anschließend festzustellen, dass ich mich da wohl gewaltig überschätzt habe. Damit einher gingen gleichzeitig Restzweifel an meinen eigenen Lehren. Es gibt natürlich da draußen viele viele ganz andere Empfehlungen. Zum Beispiel dieser Zwillingsseelen-Quatsch: Du musst nur lange genug auf den anderen warten – bis dahin wirst du halt schlecht behandelt. Oder dass man nur noch mehr lieben muss und noch mehr, dann schmilzt ganz bestimmt das seelische Eis im Anderen.

Grundsätzlich sind diese Ideen nicht völlig falsch, natürlich kann Liebe alles auflösen und verändern, sie ist die stärkste Macht im Universum. Aber es geht ja bei toxischen Beziehungen eben nicht um Liebe, sondern um Bedürftigkeit. Liebe ohne Selbstliebe ist ziemlich gefährlich.

An diesem Zeitpunkt angekommen, gab ich das Thema Beziehung auf. Ich hatte einfach keine Lust mehr. Witzigerweise ist das oft der Punkt, an dem sich etwas ändert. Ich hegte eigentlich keinen Groll auf Frauen, fand sie weiterhin toll, aber ich hatte überhaupt keinen Drive mehr, nach einer Beziehung zu suchen. Mal ein nettes Date, ja, aber mehr auch nicht.

Tatsächlich hörte mein altes Beziehungsmuster plötzlich auf, und ich gelangte in eine ganz andere Art von Beziehung. Sicherlich lag das nicht allein an der Arbeit mit mir selbst, aber wir können schon unseren

Anteil dazu tun. Insofern hatte auch diese Beziehung etwas mit Manifestation (später dazu mehr, siehe S. 163) zu tun.

Ich wollte zu einer Kultur-Veranstaltung gehen und malte mir vorher in den buntesten Farben aus, wie ich jemand Tolles kennenlernen würde. Am Thema Manifestation hatte ich zunehmend Spaß gewonnen und probierte mich darin umfassend aus. Es war eine gute Phase in meinem Leben (eine »naisgeile« Phase) und ich war richtig gut drauf. Anders als früher stellte ich mir nun innerlich vor, wie ich direkt – ohne Online-Dating – in lustige und romantische Situationen geraten könnte.

Auf der Veranstaltung traf ich auf Eileen. Wir sprachen den Abend über ab und an miteinander, und die Gespräche fühlten sich absolut locker und leicht an. Es gab nur eine Sache, die mich irritierte: Sie entsprach optisch voll meinem »Beuteschema« und ich spürte eine deutliche Chemie. Hört sich doch eigentlich gut an ☺, könnte man einwerfen. Aber in meinem bisherigen Leben war das stets ein untrügliches Zeichen dafür, dass die Beziehung toxisch werden könnte.

Im Laufe des Abends verloren wir uns aus den Augen. Ich überlegte und machte einen Deal mit mir: Wenn sie nach Ende der Veranstaltung irgendwo am Ausgang steht, dann werte ich das als »Go« vom Universum, dann gehe ich »all in«.

Ich ließ mir Zeit und fühlte mich wirklich erwartungsfrei, eigentlich war ich sowieso mit meiner Schwester locker verabredet. Aber, oh Wunder: Tatsächlich entdeckte ich sie in einer Gruppe von Freunden. Ich kam dazu und schlug vor, dass wir gemeinsam ein Bier trinken gehen, was wir auch umsetzten.

De facto durfte ich an diesem Abend alles, aber auch wirklich alles anwenden, was ich im Bereich Dating und Kennenlernen gelernt hatte. Ich visualisierte, während wir in der Kneipe saßen, immer wieder, wie ich mir idealerweise den Ausgang des Abends wünschte ... und zum Schluss küssten wir uns dann wirklich ... nach einer Abfolge einfach unglaublicher »Zufälle« (zum Beispiel, dass sich einer nach dem anderen »entschuldigte« und früh nach Hause ging). Am nächsten Tag trafen wir uns gleich wieder und waren ab dann zusammen.

Ich denke in keiner Weise, dass mir nur die Visualisierungen geholfen haben. Es kam an diesem Abend quasi alles zusammen, wofür ich so lange gearbeitet hatte. Außerdem verspürte ich förmlich die Unterstützung des Universums.

Zunächst war ich noch *sehr* auf der Hut, weil ich einfach eine Menge steiler Horror-Beziehungen erlebt hatte. Mein Elend sollte so plötzlich vorbei sein? Das konnte ich mir kaum vorstellen. Außerdem war ich sehr missstrauisch bezüglich der Chemie. Ich vertrat zwar schon zu der Zeit die These, dass eine richtig gute Beziehung Chemie *und* Kompatibilität haben sollte, aber in meinem speziellen Fall zweifelte ich so langsam daran, ob das für mich möglich wäre. Eileen war in ihrem Kontaktverhalten aber von Anfang an die beständigste Person der Welt. Dennoch konnte ich meinen Frust und meine Sorge nicht ganz ablegen. Erst als ihre beste Freundin mir in allen Farben versicherte, Eileen wäre »das genaue Gegenteil einer Bindungsängstlerin«, beruhigte mich einigermaßen.

Im Gegensatz zu meinen bisherigen Vorbeziehungen war Eileen wirklich immer für mich da, komplett auf meiner Seite. Auch was Kompatibilität und Polarität angingen, entdeckten wir eine krasse gemeinsame Wellenlänge. Wir hatten sehr viele gemeinsame Interessen, und keiner versuchte die Rolle des Anderen zu spielen. Das alles entpuppte sich für mich als eine völlig neue Erfahrung.

Diese Andersartigkeit war letztlich sogar leichter, als ich gedacht hatte. Natürlich fühlt es sich anfangs komisch an, wenn auf einmal das Drama wegfällt, das mich so lange beschäftigte bzw. an dem ich vielleicht auch irgendwie festgehalten habe – und das seit Jahrzehnten schlicht »normal« war.

Bei Eileen stellte sich das neue Gefühl ein, dass diese ruhigeren Wellen einfach ein Gewinn waren und nicht irgendeine Kompromiss-Beziehung. Zudem empfand ich es einfach mal als schön, wie sich eine Beziehung *weiter*entwickelte und nicht zurück; dass es keine grässlichen Überraschungen gab. Außerdem lieferte mir das Leben noch genug Dramen auf anderen Ebenen ☺.

Natürlich hatten wir auch unsere Themen, aber jede Meinungsverschiedenheit bzw. jeder Anwurf von außen hat uns eigentlich noch näher zusammengeschweißt.

Eines fand ich schwierig, und das war dieses Gefühl der völligen Desillusionierung aus meinem Vorleben. Ich würde mal behaupten (ohne dass ich damit die Beteiligten werten will oder meinen Anteil daran nicht anerkenne): Mein Beziehungsleben war teilweise echt eine richtige Katastrophe und in einigen wenigen Beziehungen regelrecht zum Abgewöhnen. Wenn Eileen nicht aufgetaucht wäre, ganz ehrlich, ich weiß nicht, was passiert wäre. Ich war wirklich drauf und dran, mit herkömmlichen Beziehungen abzuschließen und mich darauf einzustellen, vielleicht ab und zu Sex zu haben, aber ansonsten meinen eigenen Weg zu gehen. Ich hatte, ehrlich gesagt, die Schnauze voll von weiteren Tests des Universums und wollte auch keine Kompromissbeziehung eingehen, weil ich wusste, das meine Ansprüche inzwischen einfach zu hoch waren. Mich frustrierten die vielen verlorenen Freundschaften, andererseits fühlte ich mich autonom genug, mir mein eigenes naisgeiles Leben gestalten zu können.

In dieser neuen, besseren Beziehung verhielt ich mich leider immer noch etwas desillusioniert. Es gibt dieses schöne englische Wort »gun shy«: Ich hatte einfach Schiss, wieder enttäuscht zu werden, und vermied um jeden Preis, in irgendwelche Wunsch-Fantasien zu gehen.

Aber das war eigentlich auch das Einzige. Natürlich gab es auch in unserer Partnerschaft wieder neue Dinge, die ich lernen konnte. Zum Beispiel, noch besser zu kommunizieren. Aber alles in allem hatte ich endlich jemanden, der nicht nur irgendetwas Bestimmtes bzw. einen Retter in mir sehen wollte, sondern jemanden, der sich wirklich dafür interessierte, wer ich wirklich war.

Und nochmal und bitte zum Mitschreiben: Ich gebe keiner Frau, die mich begleitet hat, die Schuld für diesen Weg. Es war einfach *mein* Weg, den ich ganz persönlich gehen musste, und vielleicht existiert auch gar keine wirkliche Alternative dazu. Jede Beziehung und jedes Ereignis auf diesem Weg hat mich wieder einen Schritt weitergebracht.

Und ich hoffe dabei inständig, dass sich das auch für meine Partnerinnen so im Rückblick ergeben hat. Vielleicht, auf einer ganz übergeordneten Ebene oder Sichtweise, brauchte ich diese Erfahrungen, damit ich in ein Erwachen geführt wurde. Letzten Endes spiegeln wir uns in unseren Partnern und sollten dankbar für diese Spiegelung sein. Aber auch dazu mehr im zweiten Teil.

1.11 Freundschaften

Leider, leider bleibt die Auseinandersetzung mit dem Liebeschip nicht auf den Liebespartner beschränkt. Man kommt relativ schnell zu dem Punkt, dass man sich vielleicht nicht nur co-abhängig bei der Arbeit verhielt, sondern dass dieser »way of life« auch Freundschaften und Arbeitsbeziehungen (und viele weitere Beziehungen, z.B. zu Nachbarn) beeinflussen kann. Kann, und nicht muss. Es gibt tatsächlich Klienten, die die Probleme nur in einem Lebensbereich hatten. Aber das scheint mir eher die Ausnahme zu sein.

Das Ganze läuft oft wie eine Domino-Kette ab: Der erste Dominostein ist, dass du anerkennst, *eine* toxische Beziehung (geführt) zu haben. Anschließend gehst du tiefer in die Arbeit mit dir selbst und stellst fest: Hmm, vielleicht waren es doch zwei oder drei solche Beziehungen. Der nächste kippende Dominostein macht dir klar: Oh, ich kenne fast *nur* toxische Beziehungen. Dann erkennat du, dass du eine toxische Beziehung oder andere belastende Situationen vielleicht im Elternhaus vorgelebt bekommen hast. Und schließlich bist du irgendwann bei den Freunden. Das kann aber durchaus zwei Jahre dauern, bis du dort ankommst.

Auch hier empfehle ich, sich alles neutral und mit Mut anzuschauen – es lässt sich sowieso nicht vermeiden. Wenn du einmal die rote Liebeschip-Pille geschluckt hast, erfährst du einen Bewusstseinswandel und siehst die Dinge eben anders. (Wer diese Pillen-Metapher nicht kennt: bitte mal den Film »Matrix« anschauen!).

Du entdeckst eventuell, wie Freunde die eigenen Standards nicht einhalten und dich auf der Prioritäten-Liste recht weit unten einordnen, wenn du mal ganz ehrlich bist. Du erlebst vielleicht, dass du dich mehr für sie interessierst als umgekehrt.

Solche Einsichten können sehr verstörend wirken und du fragst dich dann oft: Ist das real? Oder rede ich mir das nur ein?

Gespräche und das Setzen von Standards sind in diesem Fall die Hilfsmittel, die Fakten und Klarheit schaffen. Oft wirst du feststellen müssen: Ja, es ist real. Und es ist einfach nicht das, was ich mir in Beziehungsfragen vorstelle. In aller Regel ist dieses zwischenmenschliche Ungleichgewicht nicht böse gemeint. Bei manchen spiegelt es z.B. die Einsamkeit der Kindheit, die sich jetzt wiederholt. Wenn du unter Umständen jahrzehntelang co-abhängig durch die Welt gerannt bist, hast du dich vermutlich sehr bedürftig verhalten und auch respektlos dir selbst gegenüber. Anders ausgedrückt: Wenn du stets auf andere zugegangen bist – und das heute noch so praktizierst, sehen die anderen gar nicht die Notwendigkeit, sich dir zuzuwenden: Der wird schon kommen, haben sie verinnerlicht. Dieses Verhalten reflektiert sich dann in deinen freundschaftlichen Beziehungen.

Jetzt hast du für dich dazugelernt und strahlst plötzlich etwas Neues aus, du »forderst«mehr ein und schon passt das bisherige Gefälle einfach nicht mehr. Deine Kollegen und Freunde müssen sich erst darauf einstellen – und tun dies manchmal nicht. Deshalb mein Hinweis: Der Weg der Selbstliebe, den ich hier beschreibe, führt nicht dazu, dass man gedankenloses bis asoziales Verhalten anderer besser akzeptieren kann. Im Gegenteil: Er bewirkt, es weniger auszuhalten, weil es für dich einfach nicht in Ordnung ist und eigene Grenzen verletzt.

Das Verrückte an dieser Geschichte ist dann, dass aus Sicht deiner Freunde *du* derjenige bist, der sich nicht mehr meldet. Oder diejenige, die sich »komisch« verhält, die nicht mehr »funktioniert«.

Ich denke, es ist dann immer gut, das Gespräch zu suchen und offen zu bleiben. Verschweigen will ich aber auch nicht, dass das meiner Erfahrung nach oft wenig nützt. Wenn ich ganz ehrlich bin, nützt es gar nichts. Bei mir hat Reden stets nur bei den Freunden geholfen, bei denen die Basis eh schon stimmte und es hin und wieder eine kleine Meinungsverschiedenheit oder ein Missverständnis gab.

Natürlich musst du dich nicht unbedingt so drastisch von Freunden »trennen« wie von toxischen Beziehungen. Man ist ja auch in der Regel in diesem Bereich nicht so liebessüchtig. Meist reicht eine »höhere Umlaufbahn«: Ich meine, in der Regel erweist es sich als eine gute Idee, die Brücken nicht ganz abzubrechen. Man weiß nie, was noch kommt. Man weiß nie, wie Menschen sich noch entwickeln.

Eine gute Übung ist in diesem Fall, liebevoll an sie zu denken, auch wenn du gerade nichts mit ihnen anfangen kannst.

Neid

Neid ist eigentlich keine schlechte Emotion. Jede Emotion hat einen Erkenntniswert, das ist quasi evolutionär so angelegt. Angst hat die Information »Achtung! Wegbleiben«. Wut hat die Information »Hier muss ich meinen eigenen Bereich schützen«. Neid hat die Information »Das hätte ich auch gerne«. Soweit sind Gefühle total wertfrei und gar nichts Negatives. Wenn du diese Informationen wahrnimmst und als Ansporn ansiehst, ist schon mal alles fein. Auch wenn du das Gefühl wertschätzend und ehrlich aussprichst, ist immer noch alles fein. Ich kann mit einem Grinsen sagen: »Hey, ich bin so neidisch auf deinen coolen Trip nach New York« – und es ist nichts passiert, alles ist gut.

Erst wenn Neid über das Ego ausgedrückt wird, meist verbunden mit Bewertung und Ablehnung, wird es recht problematisch und frustrierend. Du siehst dabei nur die heftige Reaktion und musst dir überhaupt erst einmal erschließen, ob es sich um Neid oder verwandte Emotionen handeln könnte. Meist zeigt sich Neid als missgelaunter Kommentar oder in Form von Distanz. Ich hab Neid auch so erlebt, dass der andere dich irgendwie von deinem Weg oder deiner Entscheidung abbringen will, weil »man so etwas einfach nicht macht« und: »Was sollen denn NN. von dir denken?«

Wenn du nicht nur an der Umprogrammierung deines Liebeschips arbeitest, sondern zugleich dein naisgeiles Leben mit in die Hand nimmst, wirst du vermutlich irgendwann auf das Thema Neid treffen. Nehmen wir einmal an, eigentlich haben alle in deiner Bezugsgruppe die gleichen Beziehungsprobleme oder die gleichen Themen damit, dass sie ihr Lebens-Potenzial nicht richtig nutzen. Alle jammern so darüber vor sich hin, aber zumindest ist man nicht alleine damit und fühlt sich wohl in der »Leidensgruppe« (diese Gruppe kann auch durchaus eine virtuelle Gruppe in der Social-Media-Welt sein). Jetzt gehst du daher, und findest einen Weg, dein Schicksal wirklich in die Hand zu nehmen und etwas zu verändern. Du kommst in eine neue tolle Beziehung, und dein Partner sieht auch noch akzeptabel oder gut aus, und ihr habt ein schönes Leben. Werden dich nun alle in deiner Gruppe dafür feiern? Meine Erfahrung ist: Nein. NEIN!!!!!!! Ganz und gar nicht. Falls du nur Mini-Dinge in deinem Leben anders machst, mag es noch gehen. Aber wenn es dir gelingt, wirklich disruptive Veränderungen in deinem Alltag umzusetzen, wirst du ungewohnten und frustrierenden Gegenwind bekommen.

Häufig ist es Menschen gar nicht so richtig bewusst, dass sie eventuell neidisch sind. Es stellt sich aber als eine große Herausforderung für uns alle heraus, wenn wir sehen, ein Mensch aus unserer Bezugsgruppe vollzieht plötzlich Quantensprünge und beweist damit, dass das möglich ist. Alle sollten sich ja eigentlich darüber freuen, aber oft werden Veränderungen »bestraft«, mit piksigen Äußerungen bis hin zu Kontaktabbruch.

Meine Entwicklung der letzten Jahre gestaltete sich in vielen Teilen sehr positiv, aber keineswegs gleichmäßig und, ehrlich gesagt, teilweise irre steinig. Es gab aber einen Punkt, an dem ich mein naisgeiles Leben entdeckte und auch absolut kompromisslos umsetzte. Kompromisslos bezieht sich dabei nicht auf Partnerschaften, sondern ganz allgemein ohne Rücksicht darauf, was andere so »denken«, auch darüber, ob ich das notfalls alleine machen muss. Viele Freizeitaktivitäten habe ich lange mit Trainern anstatt mit Freunden durchgeführt. Nicht nur um mehr zu lernen, sondern weil ich einfach (noch) keine Freunde dafür hatte.

Ich dachte ehrlich, die meisten Menschen würden sich für mich freuen, dass ich zum Beispiel ganz neue Arbeitsmodelle erkundete und einen alten (aber keineswegs teuren) Ford Mustang fuhr (ein alter Traum, den ich mir immer mal erfüllen wollte). Ich dachte auch, dass sie auch deshalb meine Freude teilen würden, weil sie ja wissen (sollten), wie hart ich mir das erarbeitet hatte. Ich kann wirklich sagen, quasi mit leeren Händen angefangen zu haben.

Aber: Wie naiv musste ich sein, das zu denken! Es ist schier unfassbar, wie viele Menschen sich schon über das Auto aufgeregt haben. Natürlich weiß ich, dass das Auto anachronistisch ist und eine Dreckschleuder in Sachen Umwelt, aber die wenigen Kilometer, die ich damit fahre, machen mir einfach mega Spaß. Trotzdem musste ich mir oft anhören, wie »prollig« das Auto wäre, ob ich überhaupt wüsste, wie man das pflegt, ob ich nicht zu »materialistisch« wäre und vieles mehr. Als I-Tüpfelchen obendrauf wurde ich in dem Auto an der Ampel öfters angeschrien. Ja, ist die Welt nicht manchmal verrückt?

Auch mein Dating-Verhalten wurde im weiteren Bekanntenkreis oft thematisiert, wenig überraschend – viel von Menschen, die in langjährigen Ehen stecken (wogegen ich übrigens gar nichts habe). Ja, ich hatte mal eine Zeit kürzerer Beziehungen oder etwas »ungewöhnlicher« Freundinnen, aber mal ehrlich, warum eigentlich nicht? Gibt es ein Gesetz, dass man sich ab 40 normgerecht zu verhalten hat? Und wer macht eigentlich die Norm? Und brauchen wir diese Normen überhaupt noch?

Rückblickend und resümierend: Ich hatte wirklich lange kein so ganz einfaches Leben und habe mich deshalb soooo gefreut, als mein Alltag, meine Sichtweisen und Einstellungen eine Wendung nahmen. Für all das habe ich einen echt hohen Preis gezahlt. Und nun wollte ich endlich meine Freude so gerne mit anderen teilen, aber entsprach jetzt leider nicht mehr dem hanseatischen Vorstadt-Kodex. In meinem Viertel wohnen wirklich einige super-reiche Menschen, aber man zeigt, was man hat, eben dezent, und es gibt viele ungeschriebene Gesetze, wie das auszusehen hat. »Was sollen denn die Leute / deine Familie / deine Klienten denken?« Äh, ja. Sollte man denn nicht Vorbild sein im »Ich gehe meinen eigenen Weg«?

An einem Punkt eskalierte diese Sichtweise tatsächlich und ich entschied, mich von bestimmten Kontakten zu lösen. Das war nicht leicht, aber irgendwie auch befreiend.

Ich hoffe, in diesem Buch wird deutlich, worum es mir besonders geht: dass du deinen ganz eigenen Weg findest und gehst. Es ist *dein* Weg, und er ist nur für dich gemacht. Auf diesem Weg gibt es wundervolle Abschnitte, aber auch ganz unerwartete Stolpersteine. Aber alles ist für dich bereitgestellt, damit du immer mehr zu *dir* stehen kannst. Und darin auch bessere Beziehungen zu anderen findest. Du musst es niemandem recht machen, nur deiner eigenen Seele.

1.12 Auseinandersetzung mit meiner Berufsgruppe

Wenn man so will, praktiziere ich zwei Berufe, den des Beraters oder Coaches und den des Psychotherapeuten. Diese krasse Trennung finde ich persönlich extrem altmodisch und auch irgendwie künstlich, aber aktuell wird es so gehandhabt und es muss getrennt werden. Dabei verbirgt sich doch dahinter der gleiche Mensch, der beide Professionen ausübt, mit dem gleichen Wissen, auch wenn die Form eine andere ist.

Es hört sich ein bisschen so an, als wolle man einem Gärtner sagen, es müsse das Baumfällen aber bitte schön trennen vom Pflanzen von Sträuchern.

Auch meine Psychotherapeuten-Kollegen erfüllen häufig beide Berufsbilder, viele sind nicht nur Psychotherapeut, sondern auch Coach, Supervisor, Gutachter ... das ist völlig normal. Bei mir wurde darum aber ein außergewöhnliches Gewese gemacht.

Wie schon oben beschrieben, gehöre ich zu den recht wenigen selbstständigen Psychotherapeuten, die nicht vorwiegend für Krankenkassen arbeiten. Allein schon die Arbeit als niedergelassener Psychotherapeut ist ja nur teilweise »selbstständig«, denn es gibt eine Vielzahl an Regeln und Vorgaben, die zu erfüllen sind. Natürlich haben diese alle gute Gründe, aber sie führen aus meiner Sicht auch dazu, dass die Kreativität in meinem Berufsstand darunter leidet. Ich verstehe absolut, dass das Ziel ist, eine hohe Qualität der Arbeit zu erhalten und den Patienten Sicherheiten zu bieten. Was ist aber, wenn plötzlich die Digitalisierungswelle über den Berufsstand hereinschwappt? Was ist, wenn Menschen eigenverantwortlicher an sich arbeiten wollen? Was ist, wenn neue Formate geschaffen werden wollen? Neuerungen sind unter den Bedingungen dieses Regelwerkes extrem schwierig umzusetzen.

Der »Coaching«-Bereich bewegt sich demgegenüber viel freier und agiler, weil ein Coach mehr oder weniger reden und anbieten darf, was er oder sie will, solange man sich nur Coach nennt. Gleichzeitig gibt es wiederum fast keine verpflichtenden Qualitätsstandards (allerdings wird scheinbar darüber gesprochen). Auch das deutsche Kuriosum der heilpraktischen Psychotherapie wird weitgehend in Ruhe gelassen (bisher). Hier reicht eine Prüfung, um diese Erlaubnis zu bekommen – eine umfassende Ausbildung ist gar nicht notwendig.

Vor dem Psychotherapeutengesetz 1999 war das insgesamt noch anders. Die Therapie-Landschaft schillerte viel bunter, es wurden eine ganze Reihe von verschiedenen Ausbildungen angeboten und durchgeführt. Insbesondere das Modell der Techniker-Krankenkasse mit sehr modernen, flexiblen Regelungen und Zugangsmöglicheiten wurde gleichermaßen von Patienten und Kollegen sehr geschätzt.

Dann fiel die Entscheidung, dass der Berufsstand des Psychotherapeuten plötzlich eine ganz neue Wertigkeit bekommen sollte mit der Möglichkeit der Approbation und gewissermaßen der Eingliederung in das ärztliche System. Das Psychotherapeutengesetz war ein Paukenschlag und eine enorme Verbesserung für die Psychotherapeuten.

Doch mit Inkrafttreten des Gesetzes begann auch ein Prozess der Bürokratisierung, d.h. die psychologische Psychotherapie in ein »System« zu bringen. Plötzlich gab es nur noch wenige »anerkannte« Therapieformen, mit denen man abrechnen konnte, und noch weniger anerkannte Institute und Therapeuten, die diese durchführen bzw. ausbilden dürfen.

Zunehmend begann ich ab 2015, als Paartherapeut auf Youtube präsent zu sein. Erst sehr zögerlich stellten sich Erfolge ein, abzulesen nicht zuletzt an den üblichen Hatern, aber es lief insgesamt recht gut. Bis sich dann ein oder mehrere »Wettbewerber«, die ebenfalls ihr Süppchen auf Youtube kochten (natürlich als »Coaches«, keineswegs als Psychotherapeuten) bei der Kammer über mich beschwerten. Ja, die Welt ist teilweise echt sehr »nett«. Manche Beschwerden klangen dabei völlig abstrus, tendenziös und teilweise schlicht gelogen. Ihr Ziel war natürlich klar: Alles versuchen, um mir zu schaden. Gleichzeitig beharrte die Kammer darauf, ihre Identitäten zu »schützen« (Wohlgemerkt, es handelte sich keineswegs um Patienten von mir. Inzwischen weiß ich, wer mich angeschwärzt hat ... nicht alle tollen YouTuber sind so nett, wie sie auf den ersten Blick wirken, das kann ich an dieser Stelle einmal andeuten).

Jetzt wurde es richtig krass, so krass, dass ich es bis heute noch nicht fassen kann. Die Kammer arbeitete monatelang an der Geschichte, ohne mich davon zu informieren. Offenbar wussten sie nicht so recht, wie sie es angehen und was sie damit machen sollten. Und offensichtlich gefiel ihnen nicht, was ich da auf Youtube anbot. Dass einem etwas nicht gefällt, ist die eine Seite. Aber für ernsthafte Konsequenzen muss ja formal etwas Falsches vorliegen.

Die Kammer stellte meinen Fall dann auf einmal bei der bundesweiten Berufsrechtskonferenz der Psychotherapeutenkammern vor. Ob dieses Vorgehen datenschutzmäßig in Ordnung war, weiß ich bis heute nicht. Es klingt wirklich unglaublich, ist aber wahr. Was da genau ablief, davon habe ich keine Kenntnis, bekannt wurde mir nur aus Protokollen, dass einige Kammern überhaupt keine Verstöße gegen das Berufsrecht sahen, während andere empfahlen, weiter zu ermitteln.

Da von einem Hater / »Wettbewerber« permanent herumgeisterte, die Kammer würde gegen mich ermitteln, fragte ich schließlich einfach mal nach. Noch immer hatte es meine Kammer nach Monaten noch nicht für nötig befunden, mich überhaupt zu informieren. Zu meiner großen Überraschung hieß es, die Kammer wolle »kollegial mit mir ins Gespräch kommen«. Es gäbe auch (noch) gar kein formelles »Verfahren Hemschemeier«. Ich erhielt dieser Aussage zum Trotz ein 4-seitiges Schreiben mit mehreren Anlagen und diversen Vorwürfen. Als mein Anwalt wie üblich Akteneinsicht beantragte, wurde ihm beschieden, dass das nicht möglich sei, da es ja gar keine Verfahrensakte gäbe. What?!?

Die Vorwürfe waren teilweise grotesk. Ich will das hier alles gar nicht wiedergeben, aber der lustigste Vorwurf war dieser: dass mein »naisgeiles Leben« durch Umprogrammierung des Liebeschips den Eindruck erwecke, eine Wunderheilung sei möglich. Und ich würde mir quasi einen wettbewerbswidrigen Vorteil bei Coaching-Angeboten erschleichen, da meine Angebote aufgrund meiner Approbation mehr Erfolg versprächen als andere gewerbliche Coaching-Angebote. Äh, ja, ich konnte das nicht nachvollziehen, da ich auf Social-Media-Kanälen nicht gerade damit hausieren gehe, dass ich Psychotherapeut bin.

Mich hat die ganze Geschichte natürlich sehr verunsichert. Insbesondere, da es nicht das erste Mal war, dass ich frontal von Psychologen attackiert wurde.

Meine Vermutung ist: Ich erreiche zwischenzeitlich an die 100.000 Menschen in drei Monaten – alleine auf YouTube. Wenn man das auf 4 Jahre hochrechnet und noch ganz viele Dauer-Zuschauer abzieht, kann es gut sein, dass schon mehr als eine Million Menschen irgendwie von mir gehört hat. Bestimmt vergessen mich viele wieder. Aber es bleiben einige, die in Therapien gehen und dann anfangen, dem Therapeuten ihre Beziehungswelt schlüssig zu erklären. Mit Worten, von denen dieser noch nie gehört hat, weil sie nicht aus den Standard-Therapien kommen, wie z.B. Minus-Pol, Plus-Pol usw. Das kann den einen oder anderen Kollegen nerven.

Noch dazu verweigere ich mich den üblichen visuellen Standards und sitze nicht mit weißem Hemd und Nickelbrille (ich übertreibe jetzt, ich weiß) vor einer Flipchart, sondern lümmele mich in Fußball-Trikots auf meinem Sessel, während ich frage: »Wo sind deine sch... Standards?« Das machen Psychotherapeuten natürlich nicht, auch wenn ich auf Youtube ja als Paartherapeut / Coach rede. Theoretisch könnte das allen total egal sein, wenn ich nicht diesen Erfolg damit hätte.

Selbst wenn ich so Begriffe wie »naisgeiles Leben« benutze oder spirituelle Aspekte heranziehe, bleibt meine Arbeit im Wesentlichen total fundiert. Sie bezieht sich auf die moderne Bindungstheorie und viele weitere grundlegende psychologische Aspekte. Nur alles neu sortiert und in der Sprache, die nicht der des Bildungsbürgertums entspricht. Aber bitte: Die Sprache ist doch nur die Verpackung, auf den Inhalt kommt es an. Oder nimmst du die Schmerztabletten nicht, weil die Schachtel blau ist und nicht mint?

Noch ein Beispiel gefällig? Das Wort »toxische Beziehung« wurde moniert. Dies sei keine qualifizierte Diagnose, und ich suggeriere damit, dass es sich um eine in der Fachwelt standardisierte Beschreibung einer bestimmten Beziehungs-Dynamik handele. Diese Beschreibung habe einen stark manipulierenden Charakter.

Solche Vorwürfe sind für mich einfach unglaublich – und machen keinen Sinn, da das Wort in vielen Teilen der Welt gang und gäbe ist. In den letzten Monaten hat es sogar in Deutschland einen großen Boom erlebt. Eine einfache Recherche bei Amazon würde da helfen. Ja, ich habe es offenbar als einer der ersten in Deutschland benutzt. Aber nur weil Mangos meinetwegen aus Kuba stammen, kann das ja nicht heißen, dass sie in Deutschland nicht schmecken, oder? Vielleicht verhält es sich aber auch so, weil diese Begriffe aus der Selbsthilfe-Psychologie stammen und nicht aus der akademischen Welt. Fun fact am Rande: Zum gleichen Zeitpunkt hatte die Kammer in ihrem Fortbildungsprogramm die Veranstaltung »Toxischer Stress in der Familie«. Äh ... ja.

Mit meiner Verunsicherung meldete ich mich bei einem Wegbegleiter, der auch in Psychotherapeutenkreisen recht gut vernetzt ist. Die Kälte, die mir da entgegenschlug, fühlte sich einfach krass an. Ich war so eingeschüchtert, dass ich ratlos sagte: »Aber viele sind ganz begeistert von meiner Arbeit!« Die Antwort bestand in einem Schulterzucken: »Die einen mögen dich, die anderen nicht.« Mit anderen Worten: Der (mein) Erfolg am freien Markt zählt nichts. Ich habe das so aufgefasst: Erst wenn die »Obrigkeiten« meine Vorgehensweise und Angebote abgesegnet haben, ist es okay. Offensichtlich gelten Hilfesuchende, die vielfach von ihren Entwicklungsfortschritten berichten und voller Begeisterung auf meine Kurse reagieren, nicht als Kriterien für gute Angebote. Kann man Klienten noch »kleiner« machen?

Ich war geschockt und musste mich erst einmal wochenlang sammeln, um nicht wieder in die »Opferrolle« zu verfallen oder in Groll und Wut zu gehen. Ich akzeptierte, dass manche Menschen gerade nicht mehr passten; dass ich scheinbar so »groß« geworden war und darum als Bedrohung wahrgenommen wurde. Das ist ja eigentlich ein Ritterschlag – herzlichen Glückwunsch mir selbst ☺.

Natürlich weiß ich nicht, was in den Köpfen einiger Kollegen vorgeht. Sicherlich machen sie auch einfach ihre Arbeit und machen sie gut. Aber *wie* diese Angriffe geführt wurden, zeigt schon recht krass, wie stark ich einigen meiner Zunft auf die Nerven gehe.

Nun, wie ist die Geschichte weiter- und ausgegangen? Mein Anwalt hat sich hineingekniet und die ganze Arbeit geleistet, und dabei nicht nur gut gegen diese aus meiner Sicht absurden Anschuldigungen argumentiert, sondern zugleich deutlich machen können, dass aus unserer Sicht der ganze Ablauf alles andere als fair war. Außerdem konnten wir darlegen, dass mache Vorwürfe zig weitere Kollegen in Hamburg betroffen hätten, und wir haben unsere Erwartung geäußert, dass man dann doch bitte gegen alle vorgehen solle und nicht nur gegen mich. Schließlich bin ich der Kammer im Bereich »Disclaimer« entgegengekommen.

Statt durchatmen zu können, traf mich danach ein weiterer Schock, als die Kammer *dann doch* ein berufsrechtliches Verfahren gegen mich eröffnete. Und noch immer hatte ich keine vollständige Akteneinsicht bekommen. Schließlich erhielt die Kammer von mir praktisch einen Schuhkarton voller Dokumente. Wir stellten uns auf monatelanges Warten ein ... aber: Wider Erwarten wurde das Verfahren mehr oder weniger sang- und klanglos unter Hinweis auf die von mir bereits angepassten rechtlichen Hinweise eingestellt. Natürlich hab ich mich sehr gefreut, aber ehrlich gesagt war das ein sehr aufreibender »Spaß«. Ich finde, da hätte auch mal eine Entschuldigung kommen können, dass man sich bei der Kammer als eigentliche Standesvertretung in diesem Fall vielleicht etwas verrannt hat und aus meiner Sicht nichts *für* mich als Psychotherapeut unternahm, stattdessen monatelang Beschwerden von irgendwelchen YouTubern (oder Menschen, die nichts direkt mit mir zu tun haben) nachging. Auf einer spirituellen Ebene (dazu kommen wir später genauer) kannst du dies natürlich wieder als eine Art Gefallen ansehen. Ein Gefallen, noch mehr in meine Kraft zu kommen. Noch mehr zu entdecken, dass ich eine wichtige Botschaft habe. Noch mehr zu sehen, dass ich Menschen wirklich weiterbringe, auch wenn es andere mit dem gleichen Beruf nervt. Noch mehr zu erkennen, dass ich eine Art Rebell in diesem Leben bin. Ein Rebell, der Dinge im Beziehungsbereich vereinfachen möchte. Der wieder »common sense« hereinbringen will, also psychologische Dinge in Beziehungen so erklären, dass sie dem gesunden Menschenverstand entsprechen. Der Zusammenhänge so erklären will, dass du danach sagst: Hey, das ist total logisch! Das macht komplett Sinn! Ich möchte helfen, Menschen in diesem zentralen Bereich ihres Lebens selbstverantwortlicher zu machen. Ihnen einfach Wissen an die Hand zu geben, das eigentlich ganz simpel erscheint – was überhaupt nicht bedeutet, dass die Umsetzung genauso einfach ist. Aber mit diesem Wissen kannst du nun einen Weg vor dir enthüllen und musst dich nicht mehr so »klein« ansehen. Ich möchte dazu beitragen, dass Menschen sich weniger ausgeliefert fühlen, gegebenenfalls auch gegenüber einem professionellen Berater oder welchen Titel auch immer er führt.

Anfügen muss ich unbedingt, dass sich viele Psychotherapeuten unter meinen followern befinden und ich mit vielen sehr gut zusammengearbeitet habe. Eine stattliche Anzahl nahm an meinen Ausbildungen teil und hat gerne diese neuen Herangehensweisen angenommen. Zugleich habe ich in der gemeinsamen Arbeit wiederum so einiges Neues für mich gelernt.

Außerdem ist mir natürlich klar, dass der Weg zu einem gewissen Erfolg, insbesondere bei der Nutzung von *Social*-Media-Kanälen, für viele mit Steinen behaftet ist. Ich weiß nicht, ob sich das in anderen Ländern anders verhält, aber ich habe den Eindruck, man gönnt in Deutschland nicht so gerne dem anderen. Ich vermute mal, dass die meisten YouTuber oder Influencer, die wirklich neue Botschaften transportieren, mal einen kleinen Gegen-Sturm hatten.

1.13 Schattenseiten der Medienpräsenz

Ich liebe meine Arbeit. Schon immer. Und natürlich finde ich es schön, damit auch Erfolg zu haben und Aufmerksamkeit zu bekommen. Aber die Aufmerksamkeit auf Social-Media-Kanälen ist ein sehr gemischtes Getränk, das nicht immer gut schmeckt.

Nachdem ich meine ersten 1.000–2.000 Follower erreicht hatte, bekam ich die ersten bösen Mails. Heute weiß ich, dass das quasi den ersten Ritterschlag kennzeichnet: Nach den Fans kommen die Hater. Bestimmte Unterstellungen ziehen sich dabei immer wieder durch.

1. *Ich würde von anderen abkupfern.* Das fand ich stets besonders lustig, da ich grundsätzlich keinem ähnlichen deutschen Kanal folge. Warum? Vermutlich sind sie sich gar nicht ähnlich, jeder hat bestimmt etwas Eigenes. Auch handelt es sich meistens nicht um Psychologen, so viel ich weiß, und was ich da von anderen so mitbekomme, habe ich in aller Regel schon woanders gelesen oder gehört. Ich bin überzeugt, dass mein Weg sowieso ein anderer ist, und brauche keine Inspiration von woanders her.

2. Kritiker regen sich total auf, *wie das Licht, der Ton, die Sprache, die Kleidung sind.* Das kann man in der Regel eigentlich gleich vergessen. Für konstruktive Kritik halte ich das freilich nicht und frage mich dann, warum die Leute die Videos überhaupt schauen. Es gibt ja genug andere Kanäle.

3. Es geht um *mich persönlich.* Mit ist schon bewusst, wie sehr ich mit meinem Weg schon allein deshalb polarisiere, weil ich meine Videos wenig schneide und mich so zeige, wie ich bin. Wenn ich gerade aus der Dusche gekommen bin, sind halt die Haare nass. Die meisten lieben diese Authentizität, aber manche regt das total auf. Warum sie sich trotzdem meine Videos ansehen ... ich weiß es nicht. Manche haben mir diesbezüglich mehrseitige Briefe geschrieben mit »Erwartungen«, wie ich meine Videos zu machen hätte. Es ist natürlich zum Lachen, aber viele wollen nicht verstehen und respektieren nicht, dass ich dadurch bis jetzt und völlig kostenfrei fast 1000 Mal wertvollen Content generiert habe! Sollte das nicht eher im Vordergrund stehen? Sollten die Zuschauerinnen und Zuschauer nicht lieber dankbar sein, wenn sie zahllose gratis-Beratungen erhalten – oder sonst halt wegschalten? Manche scheinen zu denken, mein Kanal wäre eine Art »offizielles« Angebot, an das sie bestimmte Erwartungen haben können oder sollten. Das ist aber nicht so.

4. *Verändungen werden nicht akzeptiert.* Es ist schon erstaunlich, wie manche reagieren und schreiben, nur weil man mal die Musik wechselt oder neue Content- Elemente ausprobiert werden. Aber das Leben verändert sich. Du kannst einfach nicht jahrelang immer die gleichen Videos machen.

Wir reden hier nur über wenige Prozent der Kommentare. Ansonsten bekomme ich fast jeden Tag Danke-Mails, und natürlich liebe ich sie. Trotzdem ist es manchmal schwer (und das geht wahrscheinlich den meisten Youtubern so), diese aggressive Haltung weniger Menschen zu ignorieren. Inzwischen lasse ich meine Kommentare von meiner Assistentin checken, das ist viel angenehmer. Ich schaue nur ab und an in die von ihr weitergeleiteten Kommentare, z.B. wenn sich daraus neue, interessante Fragen für einen weiteren Film ergeben. Eventuell stelle ich diese Funktion in Zukunft aber auch ab.

Dieses ewige öffentliche Bewerten von allem und jedem erscheint mir wie eine Seuche. Ich hoffe, dass wir das irgendwann überwinden. Die (scheinbare) Anonymität im Internet erleichtert das natürlich.

Ein anderer Aspekt stellt sich in diesem Kontext ein, indem ich über lange Zeit Buchvorschläge, Diskutiervorschläge und Austausch-Wünsche bekommen habe – ob ich mich schon mit (beliebigen anderen Autoren) auseinandergesetzt hätte usw.

Das mag damit zusammenhängen, dass ich so kumpelmäßig rüberkomme. Tatsächlich hatte ich die Bücher meistens schon gelesen und mich schon längst mit deren Themen beschäftigt, und ihre Erkenntnisse sind dann in meine Arbeit eingeflossen, wenn sie für mich stimmig waren. Ich habe zwar immer wieder einmal meinen Weg kritisch hinterfragt, halte ihn aber nach wie vor für den Richtigen im Blick auf Täter-Opfer-Beziehungen. Dabei sehe ich mich auch auf einem neuen, einzigartigen Weg, der eben *nicht* an schon Bekanntem andocken will.

An meinen Grundmodulen habe ich deshalb nichts geändert. Klar, ich füge mal etwas hinzu. Außerdem interessiere ich mich fortwährend mehr dafür, was in höher schwingenden Beziehungen passieren kann. Aber an den meistverkauften Modulen 0 (Liebeskummer) und Modul 1 (Umprogrammierung des Liebeschips) wird sich wohl in absehbarer Zeit nichts ändern.

Ein weiteres Problem ergibt sich daraus, dass im Internet viel Konkurrenz herrscht. Oft freut man sich nicht für den Erfolg des Anderen, was zu den eigenen hochtrabenden Inhalten so gar nicht passen will. Man stichelt, hetzt, Gerüchte werden geschürt, man kommentiert negativ unter den Videos anderer. Es werden falsche Identitäten angenommen, um Verwirrung und Schaden anzurichten. Teilweise wird auch kompletter Quatsch verbreitet, nur um gewisse eigene Ziele zu erreichen. Das macht nicht wirklich Spaß.

Ja, man kann es ignorieren, bis man es eben nicht mehr ignorieren kann, wenn du verstehst, was ich meine. Social Media hat diese scheinende, glänzende Oberfläche. Aber darunter ist es oft sehr, sehr dunkel. Viele Zuschauer wären, glaube ich, ziemlich schockiert über ihre Stars, wenn sie das gleiche entdeckt hätten wie ich.

Der Vorteil von Social Media ist halt: Jeder kann sich hier sein Publikum verschaffen und seine Botschaft kundtun. Das ist großartig, demokratisch, bahnbrechend. Der Nachteil von Social Media ist: *Jeder* kann hier seine Botschaft verbreiten ... egal wie viel Ahnung er oder sie davon wirklich hat. Es gibt aus meinem Themenbereich so absolut haarsträubende Videos im Netz ... das ist manchmal wirklich zum Verzweifeln. Nur weil man etwas selbst erlebt hat, macht einen das eben nicht gleich zum Experten, vor allem wenn man noch zu sehr in diesem Täter-Opfer-Denken steckt (dazu später mehr).

Wenn ich beispielsweise schwierige Vorkommnisse in einem Video angedeutet habe, kam oft der Kommentar: »Die Energie folgt der Aufmerksamkeit«, also übersetzt: Gib dem doch keine Aufmerksamkeit, dann erledigt es sich von selbst. Ja, das habe ich früher auch gedacht, aber es stimmt leider nicht zu 100 %. Es stimmt ja schon in Beziehungen nicht, oder hast du mal erlebt, dass das Ignorieren gravierender Schwierigkeiten zu einer Veränderung derselben geführt hat? Im Bereich Social Media ist es aber tatsächlich eine gute Idee, das meiste nicht zu beachten. Außer eben solche Sachen, die man nicht weglegen kann, weil sie einfach zu krass sind oder den rechtlich erlaubten Rahmen sprengen. Dann bleibt einem nichts anderes übrig, als das Gesicht in den Wind zu halten und für sich einzustehen.

Ich habe inzwischen einen super Anwalt, der die meisten Dinge für mich regelt. Auch das werden vermutlich ganz viele Youtuber kennen – es herrscht schlicht noch Wildwest im Netz.

Die Bekanntheit im Internet bringt es natürlich mit sich, dass mich viel mehr Menschen auf irgendeine Art privat kontaktieren. Wo auch immer sie alle plötzlich herkommen, das ist oft gar nicht klar. Auch das erscheint einem erstmal lustig, insbesondere wenn gleichzeitig – durch die Arbeit am eigenen Liebeschip – viele andere Menschen aus dem Leben verschwunden sind. Darunter finden sich auch wirklich eine Menge schöner Begegnungen. Gleichzeitig entsteht aber ein Riesenproblem. Dazu muss ich etwas ausholen:

Eine meiner Coaches, die mich immer mal wieder begleitet hat, arbeitet mit dem sog. »Human Design«. Das ist eine Art Einteilung der Person, bezogen auf Geburtsdatum und Ort. Normalerweise gebe ich auf so etwas nicht so viel, es klingt mir zu horoskopisch. Ich fand aber die Charakterisierung von mir extrem stimmig. Dazu erläuterte sie Feinheiten meines »Designs«: Meine Person zeige auffallend viele »klare Stellen«. Sie erklärte mir, dass ich dort »nicht definiert« sei. Nicht definiert, wie ein klarer See keine definierte Farbe hat. Das hilft in meinem Beruf scheinbar sehr, weil ich dadurch Menschen in ihrer Persönlichkeit selbst relativ klar sehen kann. Der Nachteil wiederum ist, dass andere extrem leicht eigene Wünsche auf mich projizieren können. Obendrein macht es mich manipulierbarer. Da ich on top wie ein guter Freund rüberkomme (was natürlich auch gewollt ist), meinen viele Leute, mich zu kennen und wollen etwas Bestimmtes von mir, auch privat. Wenn sie dann feststellen, dass ich doch anders bin, ihrem Bild von mir nicht entspreche und einen über das Berufliche hinausgehenden persönlichen Kontakt gar nicht will, ist die Enttäuschung sehr groß. Oder wenn ich ihnen Grenzen setze oder in anderer Weise überraschend reagiere, werde ich nicht mehr idealisiert, sondern gleich verurteilt. Das hat mich manchmal echt ermüdet, ich gehe heute solchen Situationen eher aus dem Weg.

Aktuell bin ich gespannt, wie mein Weg weitergeht. Vielleicht wendet er sich irgendwann wieder ab von den sozialen Medien. Das sind immer so Phasen bei mir. Gerade macht es mir wieder sehr viel Spaß, aber es gab auch Zeiten, in denen mir sehr nach Rückzug war.

Das Jahr 2020 mit seinen Lockdowns hat praktisch die ganze Welt in Panik versetzt, und entsprechend extrem verhielten sich viele. Ich hoffe und vertraue auf ein deutlich entspannteres 2021.

Insgesamt bin ich froh über die Möglichkeiten, die mir das Internet, mein Youtube-, Twitch- und andere online-Kanäle bieten und es ist mir bis auf wenige Ausnahmen eigentlich recht gut ergangen in diesem Bereich. Wenn ich sehe, was einige viel größere und von mir sehr geschätzte Coaches für shitstorms über sich ergehen lassen mussten, da kann ich wirklich nur dankbar sein.

1.14 Die Macht der Sprache

Ein paar Worte würde ich gerne noch zur Sprache sagen. Sie spielt logischerweise in Liebesbeziehungen eine zentrale Rolle. Sprache ist extrem mächtig, wie wir alle wissen, und kann natürlich auch sehr missbräuchlich eingesetzt werden.

In meinen Videos sage ich oft: »Schau auf die Taten und überhaupt nicht auf die Worte.« Dieser Hinweis entspringt einem großen Frust auf meiner Seite: Fast täglich höre ich von Menschen, die schlicht und ergreifend massiv manipuliert werden. Sie erleben wirklich schlimme Dinge in Beziehungen, doch parallel wird kubikmeterweise Süßholz geraspelt. Wenn du dann noch ein Retter-Thema hast (siehe weiter unten S. 101), glaubst du an »das Gute«, dass es der andere nicht so meint, dass die andere nur noch ein bisschen Zeit braucht.

Sprache ist trotzdem etwas Wundervolles, wenn sie mit den Taten übereinstimmt! Jeder von uns hört gerne schöne Worte. In Bezug auf toxische Beziehungen empfehle ich aber, die Sprache für einige Zeit komplett zu ignorieren. Beurteile deinen Partner *nur* nach seinen Taten. Glaube mir, das Sprichwort stimmt: Wer will, findet Wege, und wer nicht will, findet Ausflüchte. Wenn jemand in dich heftig verliebt ist, wird er dich treffen wollen und nicht tausend Gründe finden, warum das gerade jetzt nicht geht. Lass dich auch nicht einlullen von so Pseudoerklärungen wie »ich weiß auch nicht, wie das passiert ist« (beim Fremdgehen z.B.). Natürlich kann da dein Partner etwas zu sagen. Und selbst wenn deine Partnerin Klartext redet, überlege immer, ob das mit deinen Standards in Übereinstimmung zu bringen ist! Du musst nicht alles verstehen, und selbst wenn du es hörst und begreifst, ohne es dir zu eigen zu machen, musst du es nicht gut finden. Bleib bitte bei dir!

Sprache übermittelt übrigens nicht nur die Wörter und Inhalte, sondern auch eine bestimmte Energie. Diese Energie strömt aus der Intention des Gesagten. Ein lustiges Beispiel dafür ist, dass anscheinend viele Menschen in schlimmen Zeiten meinen Youtube-Kanal dazu nutzen, mit den Videos in Dauerschleife einzuschlafen. Natürlich werden sie die Informationen nicht wirklich aufnehmen, aber sie verspüren offensichtlich eine beruhigende Energie dabei.

Wenn du also auf die Sprache hörst, dann spüre doch mal in die Intention rein. Wie ich das mache, fragst du dich vielleicht? Mit einem Vertrauen auf das berühmte Bauchgefühl, auf das wir im Folgenden noch öfters kommen werden.

2 FÜHLEN: Psychologische und spirituelle Erörterungen

2.1 Meine Sicht auf Spiritualität

Mit dem Begriff der Spiritualität hatte ich lange heftige Schwierigkeiten, muss ich zugeben. Ich komme aus einer total wissenschaftlichen Richtung. Auch das Psychologie-Studium ist enorm wissenschaftlich ausgelegt. Mein Denk-Feld erweiterte sich erstmals in meiner Körpertherapie-Ausbildung. Hier lernte man zum Beispiel, wie man eine Aura erahnen kann und dass Aura-Massagen eine deutlich wahrnehmbare Wirkung auf den Körper haben. Ich fand das zunächst ziemlich spooky, bis ich die Aura zum ersten Mal mit meinen eigenen Händen spüren konnte. Das war schlicht unglaublich. Und machte mir zugleich deutlich: Es gibt Wissensbereiche, von denen die Schulpsychologie quasi noch nie gehört hat, die aber nichtsdestotrotz existieren, auch wenn wir sie mit wissenschaftlichen Methoden nicht erfassen können. Ich hoffe sehr, die sterben nicht aus unter dieser normativen Kontrolle, die wir ja fast überall haben.

Ich erinnere mich noch gut an eine spezielle Situation: Nachdem ich tagelang im Krankenhaus bei meinem sehr kranken Kind ausgeharrt hatte, kam ich in die Ausbildung, völlig ausgelaugt und regelrecht traumatisiert. Die Ausbilderin Ebba Boyesen (vielleicht kennen sie manche) sagte: »Komm, leg dich mal auf den Bauch.« Sie behandelte mich anschließend mit einer recht schmerzhaften Technik, bei der das Bindegewebe quasi »gerollt« wird – und die ganzen Symptome, die ich hatte, waren schlagartig weg. Wie war das möglich? – Ebba praktizierte für meinen Geschmack extrem »esoterisch«, für mich sehr sehr fremd, aber auch faszinierend.

Die Sicht auf Spiritualität ist bei vielen vermutlich die, dass es dabei um spezielle quasi-religiöse, abgefahrene Dinge geht, die »angeblich« passieren und unter irgendeinen schwammigen Begriff gefasst werden. Für meinen Teil sehe ich das inzwischen radikal anders. Spiritualität beinhaltet quasi das, was »normal« ist, was uns Menschen im Kern möglich ist. Das, was wir hier eigentlich leben wollen.

Umgekehrt erscheint mir das, was wir normalerweise als Realität bezeichnen, fast mehr als Illusion, aber noch viel mehr als ein formbarer Energiefluss, der nicht so feststeht, wie wir das zu denken gewohnt sind. Vielleicht ist die *Wirklichkeit* etwas ganz anderes, als wir bisher dachten.

Ich möchte Spiritualität auf keinen Fall beschränkt wissen auf Religiosität oder außerweltliche Dinge. Vielmehr stellt sie ein Werkzeug dar, um ganz und gar hier auf der Erde präsent sein zu können. Spiritualität ereignet sich in dem Moment, in dem du dich gut fühlst, als Gestalter deiner selbst und deines Alltags. Wenn du dich ganz und gar hier zuhause und geborgen fühlst in dir, das ist doch ein hoch spiritueller Augenblick.

Ich bin auf meinem persönlichen Liebeschip-Weg immer mehr auf dieses Thema gestoßen. Die absurden Ereignisse in meinen (und deinen) Beziehungen schreien geradezu danach, in einen größeren Zusammenhang eingebettet zu werden. Persönlich habe ich entscheidende Ergebnisse erzielt mit den spirituellen Werkzeugen, die ich hier darstelle – und gleichzeitig versucht das Universum, dich auf deinem Weg vorwärts zu schubsen.

Mein Modul 0 auf WWW.LIEBESCHIP.DE zielt beispielsweise auf die Bewältigung von Liebeskummer. Dort findest du die Übung »Bänder trennen«. Dabei geht es darum, toxische Verbindungen auf einer energetischen Ebene zu lösen. Ich war bei dieser Übung hoch-skeptisch, aber sie hat mir wider eigenes Erwarten entscheidende Verbesserungen bei meinem Liebeskummer gebracht. Nie werde ich vergessen, wie ich diese Übung das erste Mal selbst durchführte (und auch brauchte) und dieses plötzliche Loslassen der toxischen Energie spürte. Und dann kurz danach tatsächlich aufgesucht wurde (das passiert deshalb so oft, weil der andere ebenfalls das Abreißen der Verbindung spürt).

Ich möchte behaupten, die Übung hat schon Hunderten von Menschen in diesem Programm geholfen, wenn ich mal die vielen Kommentare dazu heranziehe. Und eine solche Übung mit der Vorstellung, unsichtbare Energieströme zu trennen, ist Spiritualität pur!

Auch im Modul 1 (ich würde sagen, das ist mein Hauptbaustein) »Umprogrammierung des Liebeschips« gibt es eine zentrale spirituelle Idee: So wie du dich selber nach innen behandelst, so erfährst du dich im Wesentlichen auch von außen.

Mit der positiven Erfahrung aus diesen Bausteinen habe ich mich peu à peu in das Feld der Spiritualität gewagt, und ich muss sagen, ich liebe es! Meiner Meinung nach sehen viele Menschen Spiritualität quasi als Kern der großen Weltreligionen bzw. als Zentrum all des alten überlieferten Wissens. Dem stimme ich völlig zu. Aber ich bin überzeugt, es ist viel mehr als das, und ich möchte euch hier gerne auf eine Reise mitnehmen. Selbst wenn du mit solchen Begriffen und Vorstellungen auf Kriegsfuß stehst: Du wirst sehen, dass spirituelle Sichtweisen auf Beziehungen Dinge in ein ganz anderes Licht rücken können und einfach extrem tröstlich wirken.

Spiritualität ist nicht gerade die Domäne des Verstandes und das macht es für uns westlich-wissenschaftlich geprägte Verstandesmenschen oft echt schwer. Der Verstand will alles prüfen und für alles Beweise haben. Das ist auch völlig okay und gut so. Unser logisches Denken ist nun wirklich nichts Schlechtes und hat uns weit gebracht. Gleichzeitig sehen wir in unserer Welt ja immer mehr, dass der Verstand *alleine* auch nicht »das Gelbe vom Ei ist«. Wenn der Verstand ausreichen würde, hätten wir bestimmt nicht so viel Ungerechtigkeit und Elend auf der Welt. Der Verstand hat die Errungenschaften unserer ganzen Welt mit erschaffen, mit all ihrer lebenserleichternden Technik, ihrem lebensverlängernden Komfort. Aber, ehrlich gesagt, würde ich manchmal lieber irgendwo recht spartanisch im Regenwald leben wollen, wenn es dort einfach eine liebevolle, herzliche Gruppe von Menschen gäbe.

Spiritualität lässt sich daher auch nicht »messen« (bisher zumindest nicht). Ja, man kann Gehirnströme aufzeichnen, wenn ein buddhistischer Mönch meditiert. Aber mal ehrlich, liefert das uns eine neue Erkenntnis? Sagt uns das etwas darüber, was wirklich gerade im Bewusstsein dieses Mönches vorgeht? Ob er glücklich ist? Ob er er selbst ist, ob sein Leben Tiefe hat? Ja, man kann nachweislich messen, dass Meditieren positive Wirkungen unterstützt. Aber reicht es dem Mönch nicht vielleicht, einfach zu spüren, dass das so ist?

Spiritualität ist die Domäne des Herzens und der Seele. Sie entsteht in dem Moment, wenn du die Kontrolle loslässt und dich an dein höheres Ich, Universum, Gott oder wie auch immer du das nennst, abgibst. Sie ereignet sich, wenn wir sanften Regungen und Erkenntnissen in uns Raum schenken und sie nicht mit der Vernunft abtun. Sie geschieht, wenn wir uns wirklich wichtig nehmen und nicht nur Führer oder Medien schauen, die uns sagen, was wir denken sollen.

Das ist erst mal gar nicht so einfach. Insbesondere wenn wir viele Traumata in unserem Erfahrungs-System haben, sind wir häufig von Kontrolle geradezu besessen. Es kostet Mut und vor allem Vertrauen, darauf zu verzichten. Aber mit diesem Vertrauen wirst du wie an einer Perlenschnur immer weitergeführt.

Die Spiritualität lenkt uns über Freude und Intuition. Das, was uns Spaß macht, was uns im Tiefsten erfreut, liegt auf unserem spirituellen Weg. So einfach ist es eigentlich. Es geht immer wieder darum, sich selbst in eine höhere Schwingung zu bringen, ohne vor negativen Aufgaben und Gefühlen, die hochkommen, die Augen zu verschließen (aber diese auch nicht zu hoch zu hängen). Die Intuition liefert uns dabei sanfte Wegweiser. (Aber dazu später mehr, S. 151.)

Zusammenfassend kann man sagen: Spiritualität bietet die Erkenntnis, dass wir mehr sind als mechanische Körper und mehr als nur diese kleine Erde. Ich würde inzwischen sogar so weit gehen zu sagen, dass einfach alles irgendwie beseelt ist. Von der *Emotionalität* her ist Spiritualität die Haltung, alles und jedem zunächst mit Liebe zu begegen, überhaupt ein Leben voller unbedingter Liebe zu führen. Insofern ist ein Mensch aus meiner Sicht nicht spirituell, nur weil er sich so nennt. Ich glaube umgekehrt, es gibt viele hoch-spirituelle Menschen, die sich nie so nennen würden.

2.2 Sinn finden

Warum passiert *mir* das alles?

Menschen, die missbräuchliche Beziehungen hinter sich haben, sind oft völlig fassungslos, wie so etwas passieren konnte. Meist handelt es sich um einen Partner mit deutlich narzisstischen Anteilen, es können aber auch andere Dynamiken vorliegen. Letztlich braucht es vor allem egozentrische, empathielose oder zumindest manipulative Partner und Partnerinnen als Zutat, um eine Beziehung oder eine Trennung zum Horror werden zu lassen. Natürlich kommt es auch vor, dass es sich dabei um konkrete Erkrankungen handelt, aber letztlich geht es um die oben genannten Aspekte. Welches Label man zu Recht oder fälschlicherweise an seinen Partner heftet, ist dann fast egal.

Du denkst etwa, du hast deine Partnerin geliebt und wurdest auch geliebt ... und am Ende, nach der Beziehung, entdeckst du allmählich all die verschleiernden Lügen. Dann kannst du es vielleicht nicht fassen, wie deine Ex so sein konnte und gleichzeitig sagte, dass sie dich liebt? Ich muss sagen, ich habe viele Mails gelesen von solch extremen Partnern. Dabei kristallisiert sich heraus: Sie wissen oft sehr wohl, was sie tun, das schon mal vorab. Aber zugleich ist diese Empathielosigkeit auch eine Art Unbewusstheit – man fühlt einfach nicht so recht, was man anrichtet.

Aber wie konntest *du* an so einer »Theateraufführung« teilnehmen? Die Frage des »Warum« zerfrisst förmlich die Psyche vieler Partner. Wichtig ist in diesem Fall, sich nicht zu lange damit aufzuhalten, weil dein Nachgrübeln natürlich weiter einer dysfunktionalen Beziehung Nahrung und Energie gibt. Dieses verzweifelte »Verstehen-Wollen« ist auch einer der wesentlichen Prozesse, die dich in der Liebessucht und im Liebeskummer festhalten. Das Gehirn möchte verstehen, das Gehirn sehnt sich nach einer Einheitlichkeit der Partner. Das Gehirn ist so programmiert, weil für uns unverständliche Dinge potenziell bedrohlich sein könnten.

Dennoch verhält es sich ein bisschen so, als wenn ein Reh begreifen will, warum ein Wolf Fleisch frisst. Das wird unmöglich sein, weil es eine ganz andere Erfahrungs-Landschaft hat. Die einfachste Antwort wäre: Es ist halt so, wie es ist! Eine Biene sticht. Warum? Weil sie eine Biene ist. Gleiches gilt für unsere Paar-Beziehung: Für tendenziell co-abhängige Menschen wird es schlicht unbegreifbar bleiben, wie andere Leute so egozentrisch sein können. Sinnvoller ist es darüber nachzudenken, warum du selbst in so einem Konstrukt gelandet bist und so lange den Weg nicht herausgefunden hast.

An dieser Stelle dennoch ein paar hilfreiche Versuche, mögliche Antworten für dich zu finden. Sie liegen auf verschiedenen Ebenen, und es ist wichtig, diese Ebenen nicht zu sehr zu verwischen, denn dabei unterlaufen dir unter Umständen doch wieder Fehlannahmen.

A. Die psychologische Ebene
Die Herkunft

Viele Menschen, die in toxisch-egozentrischen Beziehungen feststecken, haben dieses »Grundmuster« schon in der Kindheit gelernt mit quasi exakt den gleichen Strukturen. Diese erste Betrachtungsebene bedeutet *nicht* eins-zu-eins, dass du automatisch einen narzisstischen Vater hattest, nur weil du jetzt einige narzisstische Männer gedatest hast. Es kann heißen, dass du einen emotional nicht-verfügbaren oder kalten Elternteil hattest, und dein inneres Kind immer noch unter dieser offenen Wunde leidet. Es kann heißen, dass dein inneres Kind, das nach wie vor in dir lebt, gerne diese Wunde schließen möchte. Jetzt könnte man denken: Na prima, dann soll und wird es sich doch logischerweise einen emotional verfügbaren Partner suchen. Aber so einfach ist es leider nicht. Wir haben die Bedingungen unserer Kindheit in einem Teil unserer Psyche wie eine Art Suchmuster gespeichert (das ist der Teil, den ich den *Liebeschip* nenne). Diese Erfahrungen erleben wir bis heute als vertraut und normal. Insofern suchen wir uns einen genauso emotional nicht-verfügbaren Partner wie einer unserer Elternteile und hoffen, beten, glauben, dass dieser heute und diesmal emotional zugänglich wird – durch unsere Liebe.

Immer wieder gehen wir durch dieses Muster, bis wir unseren Autopiloten erkannt haben und ihn abschalten.

Die emotionale Entfernung eines oder beider Elternteile muss nicht durch Narzissmus verursacht sein, ganz oft ist es auch eine Suchterkrankung (z.B. Alkohol). Wie am Anfang dieses Buches erwähnt, können aber auch ganz allgemein traumatische (Kriegs-)Erfahrungen die Ursache bilden.

B. Intermittierende Verstärkung

Das ist die einfachste Erklärung zumindest dafür, warum man so lange drin geblieben ist in diesen zerstörerischen Beziehungen. Das Lernen durch Verstärkung (also Belohnung) ist quasi eines der »Grundgesetze« der Psyche. Verhaltensweisen, die zu einer Belohnung führen, wählen wir öfter. Dieser Mechanismus ist in fast allen Lebensformen implementiert. Paradoxerweise lernen wir intensiver, wenn die Belohnung nicht jedesmal erfolgt, sondern völlig unvorhersehbar erscheint. Du kennst den Mechanismus bei allen Arten von Glücksspielen (und der Spielsucht). Jeder professionelle Hundetrainer weiß, dass Hunde viel rascher lernen, wenn sie nicht jedesmal ein Leckerli bekommen, sondern nur ab und zu (zumindest nachdem sie zunächst »angefüttert« wurden).

Was hat das nun mit Beziehungen zu tun? Gerade in toxischen Beziehungen haben wir eine Phase des »Anfütterns«, die Lovebombing-Phase, gefolgt von einer langen Phase von Heiß-/Kaltem-Verhalten, unvorhersehbaren Brüchen und Wiedervereinigungen der Beziehung. Die Psyche hält uns drin, weil wir fortwährend zurück zur ach so glücklich empfundenen Anfangsphase wollen, die aber nie wieder erreicht wird. Wie anfällig wir für diese Art der Selbsttäuschung sind, hat wieder zu tun mit der eigenen Biografie sowie mit unserem genetischen Erbe. Ich habe im Laufe der Jahre den Eindruck gewonnen, dass manche Menschen schlicht anfälliger sind für diesen thrill von Achterbahn-Beziehungen.

C. Die Ego- / Schmerzkörper-Ebene

Diese Ebenen waren mir selbst in früheren Phasen meiner Arbeit gar nicht so bewusst. Inzwischen halte ich sie für immer entscheidender.
Ego und Schmerzkörper habe ich oben bereits erklärt (siehe S. 64). Hier geht es um Folgendes: Beide sind eng miteinander verwoben und agieren wie eine eigene Instanz. Wenn dein Schmerzkörper aktiviert ist, merkst du das oft nicht. Es fühlt sich ein bisschen wie eine Taubheit an oder eine pulsierende Angespanntheit. Wenn du unbewusst voll im Schmerzkörper bist, *suchst du* ebenso unbewusst weiteren Schmerz, verletzt andere zum Beispiel durch deine Worte, bis du irgendwann wieder »zu Sinnen« kommst.

Parallel agiert das Ego, es möchte immer »mehr« und liebt natürlich auch den Status in allen seinen Formen. Viele Menschen hängen deshalb in toxischen Beziehungen fest, weil ihr Ego sie drinhält oder überhaupt erst in diese Beziehungen »schickt«. Das Ego möchte den (scheinbaren) Status-Gewinn durch einen vielleicht besonders attraktiven oder beruflich erfolgreichen Partner nicht aufgeben, obwohl dieser Partner absolut nicht kompatibel ist oder grundlegende Werte nicht teilt. Selbst wenn eine toxische Beziehung verlassen wird, gerät man leicht wieder in die nächste, da dieser Ego-Anteil nicht erkannt wird (und viele recht egozentrische Partner eben auch auf diese Status-Ebene extrem viel Wert legen).

Was hat das nun andersherum mit dem Schmerzkörper zu tun? Die oben beschriebene Schmerz-Suche bewirkt, dass du dich regelrecht zu deinem Partner hingezogen fühlst, weil und obwohl die Inkompatibilität eurer Partnerschaft neuen Schmerz verursacht, den du gar nicht willst – ein scheinbarer Widerspruch in sich.

Tatsächlich findet sich hier aber eine regelrechte Schmerz-Sucht (auch erkennbar in manchen sexuellen Praktiken). Bildlich ausgedrückt: Die Aktivierung des Schmerzkörpers tut zwar weh, ist aber wie ein Mückenstich, den man immer wieder aufkratzt, obwohl man weiß, dass das der Wunde nicht guttut und sie so nicht abheilen kann.

Die Aktivierung des Schmerzkörpers überlagert zudem weitere vielleicht noch unangenehmere Gefühle wie innerliche Leere und Depressivität. So sind viele Menschen unbewusst regelrecht »Drama-süchtig« und suchen dabei ein ums andere Mal die Achterbahn-Fahrt. Das ist das Gleiche wie bei Süchten: Der kurzfristige Gewinn durch einen Rausch wird höher bewertet als der langfristige Schaden, der daraus entsteht.

D. Die spirituelle Ebene

Niemand kann natürlich 100-prozentig sagen, was auf einer spirituellen Ebene geschieht. Dieses Wissen wird auf verschiedenen Ebenen erlangt, die alle ihre Fallstricke haben. Letzten Endes kannst du nur für dich selbst entscheiden, ob dir deine Intuition sagt: Ja, das ist stimmig! Keinesfalls sollte diese Ebene mit dezidiert psychologischen Sichtweisen vermischt werden, da daraus dann doch wieder Gründe extrahiert werden, weiter in hoffnungslosen Situationen zu bleiben.

Grundsätzlich ist die Idee hier, dass es nicht nur Seelenanteile im Körper gibt, sondern auch in »höheren Sphären«, die bestimmte »Seelenabsprachen« treffen können. Was meine ich damit?

Ich weiß (und kenne das Gefühl nur zu gut), dass man sich nach einer extrem schmerzhaften Erfahrung nicht vorstellen kann, dass man dies wirklich unter Umständen selber in irgendeiner Form mal »geplant« hat. Das ist auch völlig in Ordnung. Dennoch kenne ich viele Klienten, die nach einigen Jahren sagen: Diese schreckliche Geschichte ist das Beste, was mir hätte passieren können! Ohne diese Lektion wäre ich nie in meine Selbstliebe gekommen und könnte nun nicht deren Früchte genießen.

Meine spirituelle Idee dahinter ist die Folgende: Ich stelle mir innerlich die vielen vielen Leben auf der Welt vor, jetzt und in der gesamten Menschheitsgeschichte bis heute. Jede und jeder hat dabei eine große Vielfalt an Beziehungserfahrungen gesammelt. Für mich vergeht Leben nicht, es ist eine Energie, ein Strom. Wenn jemand nun zum Beispiel die ersten Male hier auf die Erde kommt, ist der Übergang in einen festen Körper extrem traumatisch, der Schmerzkörper riesig, das Ego auch, um sich zu schützen. Oft scheint man sich dann zunächst der »dunklen« Seite zuzuwenden, dunkel in *ganz* großen Anführungsstrichen. Man schaut nicht viel auf das, was das eigene Verhalten mit anderen macht, verliert sich im Ego und ist vielleicht berauscht von den ganzen Machtspielchen, die man hier spielen kann.

Weil sich alles – wie Energien in der Physik – ausgleichen muss, gehört zur ersten »Lektion« aber auch zu erleben, wie sich die Opferseite anfühlt. Dann erklären sich quasi Seelen deiner Seelengruppe bereit, diese Aufgaben für dich als »Darsteller« zu übernehmen. Dies mal so in aller Kürze.

Du glaubst nicht an Wiedergeburt? Auch kein Problem, dieses Ausgleichen von Energien kann sich auch innerhalb *eines* Lebens vollziehen: So wie jemand permanent »zu« nett ist, über alle Übervorteilungen und alles Benutzt-Werden hinweggeht, zieht er oder sie vielleicht mit diesem »extremen« Verhalten wiederum das andere Extrem an, also sehr egozentrische Menschen, die dann alles andere als nett sind.

Auf der anderen Seite: So wie man sich selber permanent innerlich »runterputzt« oder kritisiert, trifft man auf Menschen, die das gleiche einfach nur im Außen tun. Dieser Teil der spirituellen Sicht geht davon aus, dass alles, was wir erleben, in irgendeiner Form Projektionen aus unserem Innern sind, die wir andererseits quasi als Spiegelung im Außen erleben. Unterdrückte Wut, nicht angeschaute Ängste begegnen mir folglich als bedrohliche, ärgerliche Menschen, die die Pflaster von diesen nicht wirklich ausgeheilten Wunden abziehen. Bis ich darangehe, sie zu pflegen.

Das Gleiche betrifft natürlich auch positive Ereignisse. Jemand, der voller Überzeugung davon ausgeht, dass er viel verdient in diesem Leben (und entsprechend dankbar ist), zieht ein ähnliches Verhalten immer mehr an. Wie du in den Wald hineinrufst, so hallt es wieder heraus.

Dies ist natürlich nur meine persönliche Sicht. Sie muss nicht mit dir resonieren. Diese Sicht hilft dir vielleicht, sie ist aber am Ende auch nicht notwendig für deine Arbeit.

2.3 Der Retter-Komplex

Ein großer, großer Grund, warum Menschen in toxische Beziehungen geraten, ist das Retten-Wollen. Das kann aus der schon im letzten Kapitel besprochenen biografischen Ebene entstehen. Zusätzlich haben wir natürlich eine Genetik unserer Persönlichkeit, in der Retten beispielsweise als Familien-Thema angelegt sein kann.

Das Retten scheint ja erst mal harmlos zu sein. Und eigentlich doch auch super gut. Man datet vielleicht einen bindungsvermeidenden Menschen und sagt sich irgendwann: »Oh, ich kann ja so gut lieben, ich zeige ihm, wie das geht, und meine Liebe wird seine (vermeindlichen) Defizite heilen.« Oder eine Variante für Männer: »Ja, meine Freundin musste früher als Escort arbeiten, aber mich liebt sie jetzt wirklich. Ich helfe ihr bei der Miete usw., dann braucht sie dort nicht mehr hinzugehen.«

Man(n) oder Frau will wirklich helfen, aber diese Einstellung unterstützt eigentlich genau das Gegenteil. Indem du hilfst, hältst du das dysfunktionale Muster des Partners gerade aufrecht.

Das ist jetzt zunächst schwer zu verstehen. In dem Beispiel mit dem Escort wird es vielleicht auf eine extreme Art klar. Natürlich ist der Mann der nächste ganz normale »Kunde« und zahlt schlicht und ergreifend Geld dafür, auch wenn er es echte Liebe nennt. Er macht genau das, was alle anderen Kunden wahrscheinlich auch machen. Doch nun kommt der Haken an der Geschichte: Die »arme Frau« hat überhaupt gar kein Bedürfnis sich retten zu lassen, ganz im Gegenteil, sie findet das Arrangement sehr bequem und nutzt ihm gegenüber gerne sein Retter-Gen aus.

Viele werden jetzt sagen: Oh, bei mir ist das aber ganz anders. Ach ja? Hat dein Partner ernsthaft versucht sich zu ändern, als er das mal sagte? Hat er nicht das gemacht, was ich gerne Fake-Therapie nenne: Spontan 5 Stunden zu einem Psychologen gehen und anschließend behaupten, der hätte gesagt, er sei super gesund? Oder Ähnliches. Oder lustlos ein Buch über Bindungsangst durchgeblättert, es zur Seite gelegt und 3 Monate später nochmal ein Kapitel gelesen? Wenn jemand sich wirklich ändern will, dann geschieht das jetzt und hier, zeigt sich in veränderten Handlungen und nicht in einer fernen Fantasie-Zukunft.

Tatsächlich erscheint mir die ganze Idee des Änderns schon irgendwie faul. Mal ehrlich: Wenn sich mein Partner erst ändern muss, damit er für mich erträglich wird, wenn er erst jahrelang eine Therapie durchlaufen muss, was ist das denn für eine Beziehung? Als Plus-Pol solltest du akzeptieren, dass der andere nicht der Partner ist, den du dir gewünscht hast, und weiterziehen. Ich sage dazu immer ganz gern: Wenn wir Blumen haben wollen, kaufen wir ja auch Blumen ... und keine Blumensamen, die man erst mühsam pflanzen und großziehen müsste.

Doch noch einmal zurück zu der Frage, warum wir die Partnerin oder den Partner so verdammt gerne retten wollen? Oft liegt es daran, dass wir schon Mami oder Papa retten wollten. Vielleicht hatte Papa ein Drogenproblem, und wir wollten ihn bereits als Kind davon abbringen, um die Zuwendung zu erhalten, nach der wir uns so sehnten. Oder Mami war ständig traurig, und wir wollten sie trösten, damit sie uns stärker zugewandt sein konnte. Das hat natürlich nie geklappt, aber unser inneres Kind träumt bis heute davon, dass wir es endlich hinkriegen.

Es gibt ganz viele Filme, die dieses »Zurechtlieben« thematisieren, obwohl es das in der Realität praktisch nie gibt. Zwei Beispiele: 50 Shades of Grey schildert, wie ein sehr narzisstischer Mann langsam weich wird, bis er die Protagonistin liebevoll heiraten will. Und in Pretty Woman wird eine Frau »erlöst« aus dem Prostituierten-Dasein.

Dein inneres Kind lebt immer noch in seiner Kinder- und Jugend-Zeit und hat quasi bis jetzt nicht verstanden, an welchen Quatsch es sich klammert und dass es dieses Projekt auch gar nicht mehr zu Ende führen muss. Das darfst du mal in aller Ruhe mit deinem inneren Kind besprechen.

Wenn du dieses hartnäckige Muster erst einmal los bist, wirst du nicht mehr verstehen, was du jemals daran gefunden hast, und findest es im Rückblick nur noch anstrengend!

Wir dürfen (und manchmal müssen) endlich lernen, das Retter-Ding als Fantasie zu entlarven! Wir würden die Illusion sofort bemerken, wenn wir jemanden wirklich gerettet hätten – und dann gar nicht mehr wüssten, was wir mit ihm anfangen sollen. Denn es ist nur eine Rolle, die wir spielen. Aber nicht die Rolle des wirklichen Liebhabers, sondern des bedürftigen Kindes.

Eine andere sehr unangenehme Dynamik ist das sogenannte *Drama-Dreieck* (siehe Grafik nächste Seite). Weil es sich um ein Urmuster handelt, findet es sich in vielen Erzählungen wieder. Es wurde in der Psychologie zuerst beschrieben von Stephen Karpman im Rahmen der sog. Transaktionsanalyse.

Die drei Ecken bestehen aus Täter (Verfolger), Opfer und dem Retter (siehe Grafik). Die zentrale Aussage dabei ist, dass die Rollen nicht festgelegt sind, sondern – für den Retter unvorhersehbar – wechseln können.

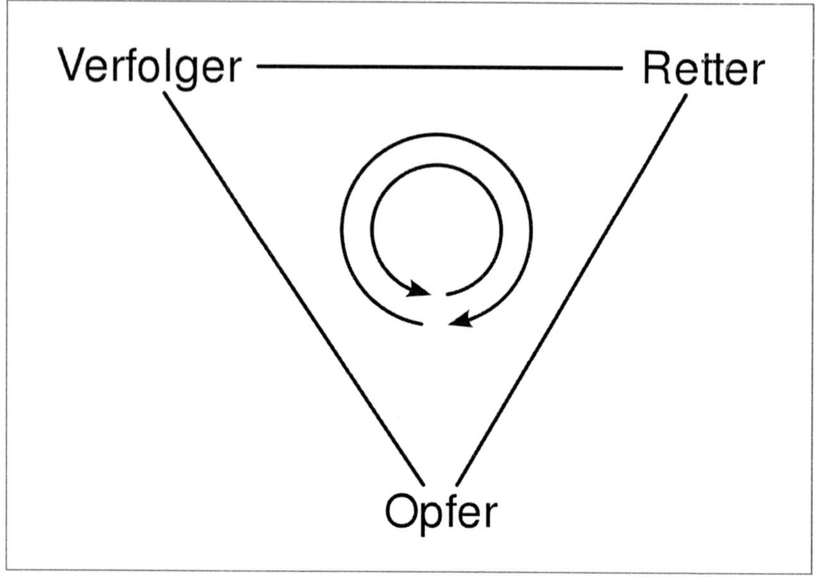

Ein Beispiel dazu: Du lernst jemanden kennen und findest sie toll. Einziges Problem: Die Person lebt bereits in einer Beziehung. (Fleißige Zuschauer meines YouTube-Kanals wissen bereits: *keine Dreiecke!*). Ihr beginnt eine Affäre und dein Gegenüber (Opfer) erzählt dir ein Schauermärchen über ihre Beziehung. Sie würde sich ja so gerne trennen, aber es geht halt nicht, weil ihr Ehemann gerade krank ist usw. Jetzt brauche sie deine Unterstützung. Prompt gibst du alles und dich voll hinein und versuchst ... zu retten (*Retter*).

Irgendwann kippt plötzlich die ganze Angelegenheit. Deine Affäre zieht sich überraschend zurück. Du suchst weiter den Kontakt, weil du einfach verstehen willst, was vorgefallen sein könnte. Genauso unvermittelt hörst du, die beiden hätten sich wieder vertragen ... waren sie denn überhaupt in Zwietracht? Und jetzt bist du der *Täter*, der weggeschickt werden muss, weil er sonst das neue Glück (zer)stört. So ein Verhalten kann extrem verstörend wirken.

2.4 3D versus 5D

Wenn du meinen YouTube-Kanal eifrig verfolgt hast oder schon häufig spirituelle Themen angeschaut hast, sind dir vielleicht schon die Begriffe 3D / Dreidimensionales versus 5D / Fünfdimensionales aufgefallen. Was hat es nun mit diesen ominösen Begriffen auf sich?

Im spirituellen Bereich haben sich diese Begrifflichkeiten eingebürgert, ich weiß eigentlich gar nicht richtig, woher sie ursprünglich kommen. Da ja viel über Channelings (Botschaften aus der geistigen Welt) läuft, ist das manchmal alles nicht so leicht nachvollziehbar.

Im Grunde besteht die Idee darin, dass es mehrere Schwingungsebenen gibt, »Dimensionen« genannt. Diese stufig vorgestellten Dimensionen finden sich im Laufe eines individuellen Lebens ebenso wie im Beziehungsgeflecht einer Generation und drittens im Gesamtablauf unserer Menschheitsgeschichte. Davon ist keine per se besser oder schlechter, es sind einfach verschiedene Erfahrungsebenen, die, wenn man so will, unterschiedlich verdichtet sind. Man könnte es auch anders ausdrücken: Die Dimensionen sind unterschiedlich nah oder fern von unserer Lebens-Quelle, von Gott, von unserer Höheren Macht, aber mehr im Sinne einer Begrifflichkeit, die unser Verstand braucht. Noch anders gesagt: Je dichter, umso entfernter, körperlicher.

Wir alle sind in diesem Bild Seelen auf einer verrückten Reise zu höher-dimensionalen Zuständen. Dabei geht es im eigenen Leben mal weiter nach »unten« und dann wieder nach »oben«, zur nächsten Dimension. Je höher die Ebene, desto mehr »Wir-Erfahrungen«, desto mehr »Licht«. Dimensionen haben dabei nichts mit Raumdimensionen zu tun, sie sind auch nicht räumlich oder zeitlich eindeutig voneinander getrennt. Wenn du zum Beispiel aufgrund einer tiefen Meditation die universelle Liebe spürst, machst du in diesem Moment eine höherdimensionale Erfahrung, die natürlich nicht von Dauer ist.

Wir haben auf der Erde seit einigen tausend Jahren in diesem Sinne in der 3. Dimension gelebt. Sie ist vor allem von Dualität geprägt, aber auch von einer hohen Dichte. Je höher die Dichte ist, desto mehr vollziehen sich Entwicklungen langsam und sehr handfest, hart, »körperlich«. Dualität bedeutet zugleich die ganze Welt von gut und böse, dafür und dagegen in allen Varianten. Dualität meint auch, dass wir vergessen haben, woher wir kommen, und uns erst einmal wieder mühsam »erinnern« müssen. Weil Körperlichkeit und ein Denken und Handeln in gut und böse zusammenfließen, kennzeichnet eine ganz starke Individualität unser Leben in 3D. Das (Ego-)Ich steht im Zentrum und hat das Gefühl, ständig ums Überleben kämpfen zu müssen – und doch bleibt die Sehnsucht nach einer höheren Rück-Verbindung. Im Beziehungsbereich umfasst 3D deshalb vor allem die ganze Bandbreite von Täter-Opfer-Beziehungen.

Im spirituellen Kreisen gilt es als ausgemacht, dass sich die Erde mit allen Bewohnern auf dem Weg in die 5. Dimension befindet. (Ich hoffe stark, das ist so ☺.) Was das genau heißen soll, darüber streiten sich die Gelehrten. Was es im Beziehungsbereich heißen wird, ist aber schon ziemlich klar (mehr dazu siehe nächste Seite).

Du fragst dich vielleicht, wie denn die 4. Dimension umschrieben werden kann. Sie scheint eine Art Übergangsdimension darzustellen mit vielen Turbulenzen im Beziehungsgefüge – wie zwei Farben des Regenbogens, die sich vermischen. Und an welchem Punkt sind wir jetzt? Auch das finde ich nicht klar beantwortbar, aber scheinbar dümpeln wir in den Regionen der 4. Dimension herum. Wenn du mit diesen spirituellen Ausführungen nicht so viel anfangen kannst, ist das überhaupt nicht schlimm. Mein Thema bleibt, dass sich unser aller Beziehungsqualität endlich einmal steigern darf, von bedingter zu unbedingter Liebe.

Das ist sicherlich auch ohne spirituellen Hintergrund zu verstehen. Oder einmal auf die persönliche Ebene heruntergebrochen: Mein Anliegen ist, durch Weitergabe meiner Erfahrungen, Übungen und

Angebote dir ein Handwerkszeug zu liefern, mit dem du eine bessere Beziehung(sebene) finden kannst.

5D-Beziehungen

Wie 5D-Beziehungen aussehen werden, lässt sich recht einfach beschreiben, geradezu irritierend einfach. Das bedeutet aber nicht, dass sie jetzt schon in der Breite lebbar wären. Wir sind einfach noch nicht so weit. Wir Einzelnen nicht und wir als Menschen- oder Lebewesen-Gemeinschaft schon mal gar nicht.

5D-Beziehungen sind pure Liebe, minus das Ego. Das ist es schon ☺. Was ist damit genau gemeint? Im Wesentlichen beinhaltet diese Formel: bedingungslose Liebe und Selbstliebe ohne Anhaften. Mehr ist dazu eigentlich nicht zu sagen. Aber du möchtest bestimmt Details! Also, folgende Punkte werden wohl dazugehören:

- Wenn dir eine Beziehung nicht mehr gefällt, gehst du einfach ohne Groll bzw. lebst nur noch die Anteile, die dir gefallen. Du hast deswegen kaum noch Liebeskummer, weil du so in deiner Selbstliebe ruhst. Du beurteilst für dich, aber verurteilst nicht mehr.
- Neue Beziehungsmodelle werden weiter verbreitet sein. Da du den Partner nicht mehr »besitzen« willst, bildet man *in gegenseitiger Absprache* gegebenenfalls eine neue Form, z.B. offenere Beziehungsmodelle. Aber noch besser kann ich mir vorstellen, dass wir diese ganzen Normen und gesellschaftlichen Konventionen unter dem Stichwort »Das macht man aber so« einfach nicht mehr brauchen. Schon heute merkst du ja, wie Strukturen wie die Ehe an normativer Kraft verlieren.
- Absolutes *Vertrauen und Ehrlichkeit in der Kommunikation*. Jede und jeder traut sich, »schwierige« Dinge in der Beziehung anzu-

sprechen. Das fällt umso leichter, weil die Verlustangst deutlich geringer ist. Damit lösen sich auch Kontroll-Wünsche in Luft auf. Man spricht tief aus dem Herzen seine eigene Wahrheit aus und hört sich offen die des Partners an. Darin entpuppt sie sich im wahrsten Sinne des Wortes als eine zutiefst *herzliche* Kommunikation.

- 5D-Beziehungen sind voller *Empathie*. Manipulierendes Verhalten passt in eine solche Verbindung nicht mehr rein, denn das käme einer Selbst-Verletzung gleich.
- *Bindungsängste* werden sich stark auflösen, da du dich viel freier darin fühlst, das zu leben, was du ganz persönlich willst. In dieser Dimension musst du auch den Ansprüchen anderer nicht mehr genügen.
- Trennungen sind nicht mehr so absolut. Da Liebessucht nicht mehr auftritt, muss man auch nicht mehr so krasse Grenzen setzen. Man versteht, dass sowieso alle liebend miteinander verbunden sind. Damit gehen Beziehung und Getrennt-Sein viel mehr ineinander über bzw. verschwimmen geradezu.

Eine Frage bleibt: Gibt es heute schon 5D-Beziehungen? Ich würde mal sagen, sie bilden die absolute Ausnahme. In unserer Gegenwart sind selbst offene Beziehungen in aller Regel keine 5D-Beziehungen, weil in ihnen weiterhin Themen wie Eifersucht, Lüge, Hintergehen bzw. all die Aspekte von Täter-Opfer-Beziehungen auftreten.

Als gesamtes Kollektiv betrachtet haben wir längst nicht diesen Punkt erreicht. Vielleicht leben irgendwelche erleuchteten Gurus 5D-Beziehungen ... mir persönlich ist noch nie eine begegnet. Ja, es gibt in der heutigen spirituellen Szene Beziehungen, die als höher-schwingend bezeichnet werden können. Bei näherem Hinsehen hat sich aus meiner Sicht aber immer gezeigt, dass solche Zuschreibungen nur schöne Worte waren. Eine 5D-Beziehung entsteht nicht daraus, dass man sie einfach so nennt.

2.5 Überwinden von Bewertungen

In diesem Kapitel geht es um einen der kraftvollsten Mechanismen, die uns in 3D-Beziehungen und bedingter Liebe verharren lassen: *Bewertungen.*

Bewertungen sind am Herz der Dualität verankert: Ohne Bewertungen gibt es kein gut und böse.

Nehmen wir einmal ein Beispiel: Du hast eine Horror-Beziehung geführt, die sich total toxisch entwickelte. Gleichzeitig lebst du, sagen wir mal, in einem kleinen Dorf, in dem du nicht den Rest deines Daseins verweilen willst. Außerdem wohnst du noch in deinem Elternhaus, bei denen du auch nicht mehr lange bleiben möchtest. Dein Job vor Ort ist gut, eine Perspektive ist aber nicht absehbar.

Die toxische Beziehung macht dich so fertig und so liebessüchtig, dass du folgerichtig nicht mehr in diesem kleinen Dorf bleiben kannst (nicht dass etwas gegen kleine Dörfer spricht – es ist nur ein Beispiel!). Du hältst es einfach nicht mehr aus.

Ein entfernter Freund wohnt in einer WG, beispielsweise in München, und fragt dich, ob du nicht ein Zimmer bei ihm beziehen willst, denn ein Bewohner ist gerade ausgezogen. Du bist so frustriert, dass du alles hinschmeißt, Job, Wohnung, Dorf – und nach München gehen willst. Kaum bist du am Hauptbahnhof der bayrischen Hauptstadt, spricht dich ein netter Kerl an und fragt nach dem Weg. Ihr kommt ins Gespräch und verabredet euch. Bereits eine Woche später trefft ihr euch. Es klickt nicht so richtig, aber zufällig sucht seine Firma neue Mitarbeiter. Wenige Wochen später lernst du den Kumpel genauer kennen, er erweist sich rein zufällig als Single. Jetzt klickt es bei euch beiden aber wirklich. Dein Leben hat eine 180-Grad-Wendung genommen.

So ... war jetzt die vorherige toxische Beziehung böse? Oder nicht sogar gut, wenn du auf die Folgen schaust? Du sagst vielleicht: Äh, ich hätte diese schmerzvolle Zeit aber gerne ausgelassen. Aber überleg mal: Hättest du dann jemals den Drive gehabt, alles hinzuschmeißen? Oder hat dich die Beziehung vielleicht nicht sogar so richtig in deine

Kraft gebracht? Wie soll man also die toxische Beziehung einschätzen? Oder: Muss man sie überhaupt werten?

Die Welt ist gerade voller Bewertungen. Ehrlich gesagt, habe ich sie in meinen bisherigen Leben noch nie so bewertend erlebt wie jetzt. Jede und jeder hat zu allem eine Meinung. An sich ist das nichts Schlechtes, vielleicht eher etwas Emanzipatorisches und Demokratisches. Die eigenen Ansichten werden aber zunehmend nicht ruhig und konstruktiv geäußert, sondern in der Regel um die Ohren gehauen. Je anonymer das Medium, um so mehr Randale. Du musst nur unter einen x-beliebenen Zeitungsartikel im Internet schauen, was da so in den Kommentar-Spalten abgeht. Und mir scheint, mit Corona und dem ganzen Für und Wider läuft diese Bewertungsmaschine aktuell völlig heiß.

Durch unser tief eingeprägtes Gut-Böse-Denken nehmen scheinbar viele nicht wahr, dass es letztlich doch gar nicht so sehr darum geht, »Recht« zu haben. Bringt es uns nicht entscheidend weiter, die Welt in ihrer ganzen Diversität wertzuschätzen? Im Bild gefragt: Wer hat recht, eine Nelke oder eine Rose? Wer hat recht, ein Kanarienvogel oder ein Papagei?

Soll das nun umgekehrt heißen, es existiert kein Richtig oder Falsch? Nein, so ist es nicht gemeint. Natürlich gibt es für *dich* Unterscheidungen. Du kannst sagen, ich mag lieber Rosen statt Nelken – und es ist gut, dass du das weißt. Aber hat ein anderer, der Nelken toll findet, für sich persönlich nicht auch recht?

Vielleicht wendest du ein: Hmm, das ist okay bei Blumen, aber wie verhält es sich, wenn es um viel wichtigere, z.B. emotionale Dinge geht?

Das Problem besteht im Folgenden: Auch wenn es um (vermeindlich) viel wichtigere Dinge geht, sind wir doch eigentlich alle von der Komplexität des Lebens überfordert. Mir scheint es zuweilen eine Illusion zu sein, dass man das alles durchschauen kann.

Aber bleiben wir ruhig bei dem Thema Beziehungen. *Du* denkst vielleicht, dass deine Partnerin ein totaler Narzisst war – darfst du natürlich. Trotzdem kann es sein, dass deine Partnerin dich genauso toxisch fand oder sich selber als Opfer sah, vielleicht sogar *dich* als Narzissten beschimpfte. Wer hat dann recht?

Aus meiner Sicht geht es um den kleinen Unterscheid zwischen *ur*teilen und *verur*teilen. Ich kann für mich urteilen, dass ich mit diesem Partner nichts mehr zu tun haben möchte. Aber muss ihn nicht zwingend verurteilen, weil er in seinem Leben eventuell die Dinge anders sieht oder bestimmte Bewusstseinslevel noch nicht erreicht hat. Deswegen sage ich auch immer wieder, dass man alles Recht der Welt hat, glasklare Grenzen zu setzen. Du solltest sie sogar setzen, wenn möglich ohne selber in Hass und Groll zu verfallen, und das kann echt verdammt schwer sein.

Wenn du dich also fragst, wer gerade auf einem »höheren« Weg (ohne dass diese Dimension letztlich »besser« ist) unterwegs ist, dann schau, wer weniger hasst, weniger verurteilt, weniger schwarz/weiß denkt. Wer lässt den anderen in Ruhe nach einer Trennung? Wer lässt den anderen in Liebe gehen? Wer tritt noch nach? Dann hast du deine Antwort.

Wenn du folglich bereit bist, dich weiter aus diesem Täter-Opfer-Sumpf zu befreien, die nächsten Schritte unternimmst, um ihn hinter dir zu lassen (wozu längst noch nicht alle offen sind), dann umgib dich mit den Dingen und Menschen, die deiner Seele wirklich guttun, aber bewerte nicht mehr das Vergangene.

Ein weiterer Punkt, warum Bewertungen so zwiespältig sind, kristallisiert sich heraus: *Du* hast diese spezielle Situation in deinen Beziehungen auch *angezogen* wie ein Magnet. Es ist nicht einfach nur Pech! Und es geht auf keinen Fall um deine Schuld oder so. Aber nach meinen Erfahrungen spiegeln wir uns in unseren Partnern und Begegnungen. Wir bekommen sozusagen die Partnerin und den Partner, der gerade jetzt zu unserer Lebens-Situation, zu unseren derzeitigen Einstellungen, Beziehungsverhalten und tief verankerten Glaubenssätzen passt.

Jeder geht seinen ganz eigenen Weg und befindet sich an einem ganz bestimmten Punkt seines Beziehungslebens. Wenn wir auf das Leben im Allgemeinen schauen und darin einen ganz langen Entwicklungsprozess erkennen, der womöglich über viele Ebenen oder Leben verläuft, dann können wir entdecken, dass auch wir bestimmt einmal an genau demselben Punkt verharrten und die Zusammenhänge noch nicht richtig verstanden bzw. durchschauten.

Es ist selbstverständlich okay, dem Partner mal die Hand zu reichen, ihr oder ihm ab und zu zu helfen (kannst du mir mal die Butter rüberschieben?), aber es ist co-abhängig, dies immer und immer wieder zu tun, wenn der Partner dies ausnutzt und dich fortwährend übers Ohr haut.

Trotzdem verlassen wir diese Täter-Opfer-Ebene nicht, wenn wir nicht auf einer übergeordneten Ebene zumindest beginnen *zu verzeihen* (ohne wieder zurückzugehen!), aber dazu später mehr.

Geh einfach deine nächsten Schritte, ohne zu viel Groll und Hass. Wenn du voller Wut steckst, vergiftest du dein eigenes Leben und drohst, in einem neuen Durchgang auf die Täter-Ebene zu rutschen. Lass dir Zeit mit diesem Prozess.

Wenn doch mal Gefühle von Wut oder Hass auftauchen, lass sie zu, schau sie dir an, lass sie aber auch wieder gehen. Hass hat eine so niedrige Schwingung, was dich sicherlich wenig wundern wird ☺. Hassen fühlt sich manchmal gut an, im ersten Moment wie eine Art Befreiung, aber in Wirklichkeit versaut es dir den Weg auf eine höhere Schwingungs- und Gestaltungsebene, die du offensichtlich erreichen möchtest, wenn du dieses Buch in der Hand hast. Denn die Wut verbindet dich wie zähes altes Kaugummi mit deiner Vergangenheit.

Stattdessen übe eine Zeitlang – auch außerhalb von Beziehungen –, diesem verrückten Spiel des Lebens einfach mal neutral zuzuschauen, ohne »absolute« Bewertungen abzugeben. Natürlich kannst du für dich sagen: Hm, für mich ist das nichts! – Aber versuche gleichzeitig, Dinge nicht global zu verurteilen. Du kannst trotzdem total dagegen sein, und natürlich gibt es viele Dinge auf dieser Welt, bei denen einem die Haare zu Berge stehen. Aber versuche eine Sichtweise, als handele es sich um eine Art Unbewusstheit, die überall in der Welt vorherrscht – in anderen Bereichen wahrscheinlich auch in dir! Auch du wirst bestimmte

Dinge nicht sehen (Stand jetzt), die anderen an dir längst aufgefallen sind.

Und wenn das Weltgeschehen noch so verrückte Stories bietet (wobei man dem, was in den Medien gezeigt wird, nicht völlig vorbehaltlos trauen sollte), kannst du trotzdem immer an deiner eigenen Blase arbeiten. Wir kreieren diese Welt gemeinsam, und du kannst überall mithelfen, sie zu verbessern, in dem du deine Inhalte, Interessen, Fähigkeiten hineinbringst. Das meine ich jetzt keineswegs nur politisch, sondern ganz konkret in deinem Umfeld. Wenn du da mehr Liebe ausstrahlst, echte, unbedingte Liebe, tust du einen unschätzbaren Dienst für die Welt. Jede echte Seelenbegegnung, die du hast, ist so kostbar.

2.6 Drama suchen

Vielleicht kennst du das Gefühl, wenn du wie mit Sekundenkleber festgetackert in einer schlimmen Beziehung haftest. Viele Gründe dafür haben wir schon kennengelernt. Jetzt schauen wir uns einen weiteren genauer an. Und dieser hat den schönen Namen *Dramasucht*.

So mancher beklagt sich ja sehr über das Drama in seiner Beziehung. Überhaupt benenne ich damit ein Problem, das auch Freunde von Menschen in toxischen Beziehungen angeht. Diese müssen bzw. sollen sich häufig über Jahre hinweg die ewig und exakt gleichen Geschichten anhören, ohne dass es zu irgendwelchen Konsequenzen oder einer Trennung kommt. Wenn man mal genauer hinfühlt in diese Dynamik, wird man die Aufregung und den Thriller wahrnehmen, den es hier gibt. Ja, es gibt Tränen und Schmerz, aber dann auch wieder euphorischen Versöhnungssex und ein tiefes Eintauchen in die Fantasie-Maschine, weil doch bestimmt jetzt bald alles so liebestief wie am Anfang der Beziehung wird. Weil der Partner ab heute ganz sicher alles und sich ändert. Ganz sicher!

Es macht oft den Eindruck, als wäre die ewige Beschäftigung mit diesen Beziehungsthemen eine Art Vollzeitjob für alle Beteiligten.

Warum macht die Partnerin, obwohl sie gestern Besserung gelobt hat, heute doch wieder einen Seitensprung, schreibt jemandem auf Social Media süße Worte, wann sie sich trennen wird und so weiter und so fort. Damit kann man sich ewig beschäftigen, ohne dass irgendetwas Vernünftiges dabei herauskommt und sich faktisch ändert.

Ja, dieser Gefühle-Rausch ist durchaus eine sehr intensive Art, das Leben zu leben. Auf einer spirituellen Ebene hat unsere Seele es womöglich eine ganze Zeitlang sogar genossen, dieses Spiel der Emotionen. Man spürt sich sehr stark, auch in den Schmerzen, oder kann sich in der Opferrolle von vorne bis hinten und tagelang bedauern. Armer schwarzer Kater! Aber so ein Verhalten (sorry für den harten Vergleich, ich möchte niemanden antriggern!) ist sicherlich auf die Dauer ähnlich »erfüllend«, wie sich die Haut aufzuritzen oder den Körper mit Drogen zu malträtieren. Ich persönlich habe damit keine Erfahrungen, aber Klienten haben mir erzählt, liebessüchtige Beziehungen würden sich quasi genauso anfühlen wie Kokain-Konsum. Auch das soll keinerlei Bewertung beinhalten, du solltest dir nur nüchtern klarmachen, was du da tust und welche Folgen es haben kann. Ähnlich wie bei Drogen wird es in hoch-toxischen Beziehungen von Runde zu Runde immer schlimmer, die schönen ekstatischen Momente nehmen ab und die schlimmen nehmen zu.

Es ist für Außenstehende machmal kaum zu verstehen, warum ein Freund oder eine Freundin in so einem Szenario bleiben sollte. Oft hegen er oder sie eine illusorische Hoffnung darauf, dass es anders wird, und diese Hoffnung will einfach nicht sterben.

Einen wichtigen Punkt möchte ich aber noch nennen: Das Drama überdeckt häufig ein anderes Thema, Trauma, das man sich auf gar keinen Fall anschauen möchte. Was kann das sein? Klienten berichten von einer inneren Leere, einer Verzweiflung, einem Wegschauen von dem, was sie eigentlich unbedingt angehen müssten im Leben. Das Drama legt sich dann wie eine große verbergende Decke über all diese Dinge. Und schwupp, sind sie leider doch nicht weg, nur für den Moment.

Vielen Menschen fällt es auch schwer, »gesundes« Dating zu leben, weil sie ihre ganzen Rezeptoren im Gehirn einfach total ausgeballert haben. Im Kopf entsteht fortwährend ein wilder Mix aus Stress- und Bindungshormonen, der in sicheren Beziehungen schlicht nicht vorkommt und sie zunächst langweilig erscheinen lässt – was sie natürlich nicht sind, aber um das zu erkennen, musst du als ersten Schritt richtig detoxen und die Rezeptoren wieder auf Normal-Null bringen.

Wenn man so eine Freundin oder einen Freund hat, die/der sich über immer die gleichen Dinge beklagt, sollte man nicht mehr versuchen, sie bzw. ihn davon zu überzeugen, dass die Beziehung toxisch ist und keinen Millimeter vorankommt. Besser ist es freundlich einzuwenden: »Ach du, dann drehst du halt eine weitere Runde!« Oder ehrlich zu sagen: »Du, ich möchte nicht mehr darüber reden, was wir schon x-mal besprochen haben.« Damit wird das Drama nicht weiter gefüttert.

Auch in einer solchen Situation kann man die eigene Bewertungsfreiheit üben: Wenn ein Mensch partout nicht raus will aus einer toxischen Beziehung, ist das durchaus sein gutes Recht. Dieser Mensch lebt offensichtlich in seiner ganz eigenen Fantasie-Welt, weil er ohne sie die toxische Beziehung keine Sekunde aushalten würde. Aber solange er seine Verstrickung nicht sehen möchte, sieht er es halt nicht.

2.7 Das Gesetz der Spiegelung

Das *Gesetz der Spiegelung* stellt eine der stabilsten Gesetzmäßigkeiten dar, die ich bisher wahrgenommen habe. In diesem Kapitel geht es um keine anerkannte psychologische Sichtweise (oder zumindest nur in Ansätzen anerkannt), sondern um eine eher übergeordnete spirituelle Einsicht. Dennoch kann man, glaube ich, sagen, dass dieser Sichtweise inzwischen mehr Aufmerksamkeit gewidmet wird. Ich habe die Gesetzmäßigkeit oben bereits mehrfach angerissen, möchte sie hier aber vertiefen:

Dahinter steckt die Erfahrung, dass wir uns quasi ständig in unserer Umwelt spiegeln. Oder noch krasser ausgedrückt, die Umwelt spiegelt unser Innenleben wider.

Ich möchte vorab noch anfügen, dass dieses Gesetz sicherlich nicht alle Zusammenhänge erklärt, weil es noch viele andere Gründe geben mag, warum dir Dinge auf Beziehungsebene passieren.

Außerdem kommen verschiedene Varianten des Spiegelgesetzes vor, aber ich werde mich hier auf die vereinfachte Form beziehen, die ich in meiner Arbeit immer extrem hilfreich fand. Das Spiegelgesetz besagt knapp zwei Dinge:

1. Ich ziehe das Gleiche an, was ich lebe und bin.
2. Ich ziehe das Gegenteil von dem an, was ich lebe und bin.

Ein Widerspruch! Darum sagst du jetzt womöglich: Was soll das denn für ein Gesetz sein? Lass es mich mal anhand eines Beispiels erklären.

Nehmen wir einmal an, du verhältst dich in Beziehungen ziemlich co-abhängig. Heißt konkret – das wissen wir jetzt ja inzwischen: Du versuchst über die Maßen nett zu sein, lässt dich aber auch leicht übervorteilen, zahlst meist drauf, versuchst den Retter zu spielen usw. Dann begegnest du sehr wahrscheinlich Menschen in deinem aktuellen Leben, die genauso ticken. Und gleichzeitig triffst du Menschen in deinem Umfeld – und leidest bald unter ihnen –, die total egozentrisch und grenzüberschreitend oder sogar kalt sind ... also das genaue Gegenteil. Dieses Gegenteil entdecken wir oft in Liebesbeziehungen, ähnliche Aspekte dagegen eher in den Freundschaften. Insgesamt, so meine Erfahrung, ziehen wir aber vor allem das Gegenteil an, wie in der Physik: du als Plus-Pol halt einen Minus-Pol.

Die wohltuende Mitte findest du damit aber nicht in deinem Leben.

Wenn ich das Gesetz anders formuliere, wird es noch handhabbarer. Es lautet dann so: So wie ich mich im Innersten behandle und mit mir rede, so reflektiert mir das meine Umwelt. Also, wenn ich mich innerlich ablehne, bekomme ich im Außen konsequenterweise Menschen, die mich ablehnen. Wenn ich mich ständig kritisiere, bekomme ich das im Außen zurück. Positiv gewendet: Wenn ich mich königlich behandle, werden andere das auch so vollziehen – Ausnahmen gibt es immer.

Bevor wir diese Spiegelung weiter verfolgen, möchte ich noch eine Warnung aussprechen: Ein solcher Reflex bedeutet nicht, dass du selbst »schuld« bist, wenn du schlecht behandelt wirst, bzw. dass diese Handlungen dann in Ordnung sind. Jeder ist verantwortlich für sein eigenes Verhalten, auch der »Täter«. Wenn dich jemand jahrelang betrügt, ist das seine ganz persönliche Entscheidung, aber auch Verantwortung. Das Fremdgehen hat vom Grundsatz her nichts mit dir zu tun – nach dem Motto: Das geschieht mir ganz recht, weil ... (auch wenn man sich natürlich die Paardynamik einmal anschauen und fragen kann: Was steckt vielleicht sonst noch dahinter?).

Und doch hat es mit deinen aktuellen Themen und beziehungsmäßigen Anziehungspunkten zu tun – sonst hättest du den Betrug wahrscheinlich früher bemerkt und auf irgendeine Art abgestellt, z.B. indem du als Dealbreaker hier eine rote Linie eingezogen hättest.

Was bedeuten solche Anziehungspunkte, zum Beispiel für das Dating?

Das *Gesetz der Anziehung* bedeutet beim Dating, dass du deinen Aufgaben nicht entfliehen kannst. Du könntest ihnen nicht einmal dann entfliehen, wenn Freunde einen Partner oder eine Partnerin für dich aussuchen würden. Möglicherweise kennst du diese Fernseh-Formate, bei denen Partner gematched werden – also man lotet spielerisch Übereinstimmungen und Wünsche aus, um den top Partner oder die super Partnerin zu finden. Angenommen, man würde in der Show zwei Menschen, die immer »Pech in der Liebe« hatten, lange Single waren und nun »die große Liebe«

suchen, zusammen matchen. Nun könntest du ja denken, es finden sich zwei, die im TV-Spiel genau zueinander passen, und alles ist gut. Was du im Fernsehen aber (vielleicht) nicht siehst: Es hat häufig einen konkreten Grund, warum diese Menschen schon ewig Single sind, oft spielt Bindungsangst dabei eine Rolle, ob bewusst oder nicht. Und jetzt passiert das Verrückte: Nach dem Gesetz der Anziehung besteht eine große Wahrscheinlichkeit, dass diese beiden Menschen sich längerfristig regelrecht abstoßen. In diesem Fall lautet das Gesetz der Anziehung also, dass man als Single mit langer Vorgeschichte exakt das Single-Sein anzieht, von dem man eigentlich fortkommen möchte. (Schaut euch diese Sendungen mal an, es ist höchst interessant.)

Ein zweites Beispiel. Du lebst in einer Beziehung und gerätst in eine Affäre. Eigentlich möchtest du dich von deiner Partnerin trennen, aber scheinbar geht es aus beliebigen äußeren Gründen nicht. Das Gesetz der Anziehung kann in diesem Fall bewirken, dass du dich in eine Dreiecks-Kiste begeben möchtest, weil du dann den Trennungsschmerz auf der einen Seite nicht erfahren musst und dich auf der anderen Seite nicht wirklich einlassen musst und in einer Art Fantasiewelt leben kannst, ohne dich für oder gegen eine Partnerin zu entscheiden. Nach vielen Irrungen und Wirrungen kommt es aber doch zur Trennung und die Affäre wird nun zur Hauptbeziehung. Und ... auf magische Art scheitert die neue, so tief ersehnte Beziehung praktisch sofort. Wieder ist die Ursache, dass sich der Anziehungspunkt nicht geändert hat und eben nicht in einer stabilen Zweierbeziehung liegt.

Ist es nicht großartig, wenn du dich nicht mehr zu 100 % als Opfer fühlen musst, sondern eine Idee davon bekommst, wo du ansetzen kannst?

Wo also kannst du ansetzen?

Tatsächlich ist aus der Erfahrung mit meinen Klientinnen und Klienten der erste und einfachste Schritt, zu überlegen, wie *du dich selbst ernsthaft und konkret besser behandeln kannst*. Wenn in so einer Situation eine Klientin erwidert: »Aber ich behandle mich doch super«, dann frage ich meist als erstes: »Warum bleibst du dann in deiner toxischen, respektlosen Beziehung?«

Als nächsten Schritt *analysieren wir* gemeinsam *deine Gedankenmuster* (mehr dazu in Modul 2 auf WWW.LIEBESCHIP.DE). Dabei stellt sich meist heraus, dass du durchaus nicht so gut von dir denkst und schon gar nicht zutiefst glaubst, etwas Besseres verdient zu haben.

Ein drittes Beispiel: Permanent gerätst du an Menschen, denen du hinterherlaufen musst, die sich nicht zurückmelden, dich fallen lassen und nie wieder etwas von sich hören lassen, das ganze Programm unverbindlicher Reaktionen eben. Deine beste Freundin stellt dir eines Tages einen Mann vor, der absolut zuverlässig ist und überhaupt erst in zwei recht erfolgreichen Langzeitbeziehungen war. Er möchte dich gerne daten, du aber lehnst ihn schnell ab, weil er »langweilig« wirkt. Hier kannst du das Anziehungs-Gesetz nun schon selbst anwenden – kleine Übung am Rande.

Wenn du den Dreh erst einmal raus hast, wirst du diese Dynamiken überall finden. Es ist so spannend! Alternativ zum Ändern deiner Anziehungspunkte kannst du übrigens auch versuchen, dein Leben so zu gestalten und dich selbst gut genug kennenzulernen, um es in Einklang mit deinen Anziehungspunkten zu bringen. Indem du herausfindest, warum du diese Anziehungspunkte hast, so, wie sie sind. Und welche Ängste dabei am Werk sind.

Wenn du dich nun also wunderst, warum dein ganzes Leben voll ist mit Menschen, die dich nicht richtig sehen, versuchen dich zu übervorteilen, dann schau bitte nicht auf diese Leute, sondern überlege dir: Was verd… nochmal möchte das Universum mir damit sagen? Wo bin *ich* nicht in meinem Gleichgewicht?

Oft geht es den »plus-poligen« Menschen ja so, dass sie für alles Verständnis und Empathie zeigen, insbesondere wenn ihnen das wortreich und logisch-nachvollziehbar vorgetragen wird. Wenn also ein schwieriger Partner sagt: »Ich musste dich leider so viel betrügen, weil meine Kindheit so schlecht war« (mal grob zusammengefasst ☺) dann holst du schnell dein Mitgefühl aus dem Notfallkoffer.

Aber das ist doch gut, höre ich die Einwände, wo ist denn in dieser Geschichte das Ungleichgewicht? Zum Beispiel dort, wo du dir selbst nicht ein ähnliches Mitgefühl schenkst, das du so bereitwillig über deine Mitmenschen ausschüttest.

Oder ein anderes Muster: Viele co-abhängige Menschen verzeihen dem anderen alles mögliche, quälen sich selbst jedoch mit einem Horror-Perfektionismus (ich darf das nicht und muss so reagieren, fühlen). Sie suchen ständig den Fehler bei sich und sind bei Streitigkeiten grundsätzlich diejenigen, die allein auf den anderen zugehen; überlegen, wie sie noch mehr und besser lieben könnten, anstatt einfach zu akzeptieren, dass sie am asozialen Verhalten ihres Dates nichts ändern können. Allererste und wichtigste Aufgabe: Du könntest stattdessen lernen, dir selber gegenüber genauso nachsichtig, vergebend, einfach menschlich zu sein.

Und sehr wichtig! Das exakt Gleiche gilt für den Minus-Pol oder deinen vielleicht unachtsam-egozentrischen Partner! Auch er darf sich gerne in die gesunde Mitte ausdehnen, heißt in der Regel, empathischer werden.

Wie schön! Zwei, die sich bildlich gesprochen jeder für sich selbst in den Arm nehmen und bei sich anbucken.

Leider überwiegen im Minus-Pol die unbewussten Einstellungen. Sie sind zwar im Plus-Pol nicht weniger vorhanden, das in der Regel viel stärkere Leiden und selbstkritische Durchleuchten führt aber dazu, sich meist ein wenig früher auf die Suche zu begeben.

Bevor du nun leichtfertig alle Minus-Pole der Welt verurteilst (urteilen, nicht verurteilen, siehe oben S. 109 ff.), könntest du lieber überlegen, bei welchen Gelegenheiten im Leben du deine Täter-Anteile ausgelebt hast. Die eigenen sind, wie gesagt, viel schwieriger zu finden. Wer meint, er oder sie hätte in Beziehungsangelegenheiten nie etwas Fragwürdiges gemacht, sollte noch mal genau nachdenken. Oft handelt es sich um Kleinigkeiten, bei denen du eventuell Ausflüchte suchst: »Das war eine Notlüge«, oder »Ich habe doch nur zurückgegeben, was ich selbst erlebt habe«, oder »In diesem speziellen Fall war mein Verhalten gerechtfertigt«, oder »Ich konnte damals nicht anders, weil … .« Falls du etwas findest, solltest du dich im Nachhinein nicht selbst dafür verurteilen, es geht nur darum festzuhalten, *dass jeder von uns in der Lage ist, als Opfer oder Täter zu agieren.* (Und wenn nicht in diesem Sein, warst du es vielleicht in einem anderen.)

Vielen Klientinnen und Klienten (die in aller Regel in einer Opfer-Phase kommen) rate ich daher, sich vor allem um sich selbst zu kümmern. Und ich gebe ihnen den konkreten Tipp, kühler bzw. neutraler zu reagieren, nicht mehr so emotional. Wenn dein Gegenüber kein Mitgefühl für dich hat, ist es eben so. Ob du dich darüber aufregst oder nicht, es wird nichts ändern. Wenn du dich aufregst, aktivierst du dein eigenes Täter-Verhalten, ohne es zu merken. Sage dir und handle danach: Ich brauche sein oder ihr Mitgefühl jetzt nicht mehr, weil ich selbst für mich gut sorge.

Dein Partner hat dich vielleicht auf eine schlimme Art betrogen. Wenn du anschließend sein Handy zertrümmerst, erscheint das als angemessener Wutausbruch. Aber in diesem kurzen Moment wechselst du die Seite und wirst zum Täter – das ist das Vertrackte. Du fühlst dich zwar im Recht, so zu reagieren, aber ein wenig später merkst du eventuell, dass es dir nicht guttut – du bist aus dem Gleichgewicht.

Viele Menschen, die »im Täter-Modus« leben, haben, basierend auf ihrer schmerzvollen Kindheit, unbewusst das Gefühl, sie hätten ein »Recht« auf ihren Egoismus. Sie nennen es natürlich nicht Egoismus, sondern umschreiben ihre Einstellungen mit: »Ich achte halt gut auf mich«, oder: »Ich mache es eben richtig.«

Das Gesetz der Anziehung geht aber noch viel viel weiter und liefert überraschend einfache Handlungsanweisungen. Es besagt im Alltag auch, dass wir permanent das anziehen, was wir gerade »sind«, welche Schwingung wir gerade aussenden.

Schwingung und Vibration

In der (wie man so schön sagt) »geistigen« oder spirituellen Welt dreht sich alles um die »Schwingung« oder Vibration, in der du gerade verweilst.

Wir kennen diesen Begriff aus der Physik. Schallwellen zum Beispiel schwingen auf einer bestimmten Tonhöhe. Vielleicht erinnerst du dich an das Phänomen, dass bei einem bestimmten Ton ein Glas oder anderer Gegenstand in der gleichen Frequenz »mit«-schwingt, also eine Resonanz erzeugt. Um nichts anderes geht es bei diesem Thema, nur eben auf Beziehungen bezogen.

Deine Anwesenheit im Hier und Heute darfst du dir jetzt multi-dimensional vorstellen, also dass wir ständig unbewusste Schwingungen hervorbringen, die wir hinaussenden in das große Feld des Alltags und Zwischenmenschlichen.

Das Gesetz der Anziehung besagt nun, dass ähnliche Schwingungen zwischen Menschen oder auch Situationen (alles ist Schwingung) sich anziehen. Schauen wir uns dieses Gesetz zunächst im Feld von toxischen Beziehungen an:

Wenn du zum Beispiel glücklich verliebt bist, finden sich verrückterweise oft noch mehr Menschen, die sich für dich interessieren. Du strahlst dein Glück geradezu aus, andere in deiner Umgebung nehmen es bewusst oder unbewusst wahr und fühlen sich angezogen.

Wenn du umgekehrt im Mangeldenken hängst und jammerst: »Ich finde einfach niemanden«, dann ziehst du leider genau das in dein Leben. Vielleicht kennst du die vielen vielen Beispiele von Menschen, die einen Wunsch, eine Idee, ein Ziel aufgegeben und es gerade dann bekommen. Zahlreiche Leute entdecken genau in dem Moment ihren Partner, wenn sie nicht mehr so richtig suchen. Etwas krampfhaft zu suchen strahlt entsprechend nicht die Schwingung von raschem Finden aus, sondern die Schwingung von krampfhaft weitersuchen.

Es verhält sich wie beim Radio: Wenn wir unsere Frequenz verändern, haben auch andere Menschen die Möglichkeit, uns zu erreichen bzw. werden überhaupt erst auf uns aufmerksam.

In der New-Age-Szene hat dieses Gesetz dazu geführt, das »positive Denken« immer weiter zu propagieren – in der Hoffnung, durch »gute Gedanken« in höhere Schwingungen zu kommen und damit zum Beispiel schönere Dinge in sein Leben zu ziehen. Auch in der Medizin wird überlegt, ob durch positives Denken positive Heilungseffekte unterstützt werden können. Das kann auf jeden Fall nicht ganz falsch sein, weil es selbst in der Psychologie und Psychotherapie extrem gut erforscht ist und man davon ausgeht, dass bestimmte negative Gedankenketten alle Arten von negativen Gefühlen hervorrufen können. Die Verhaltenstherapie bezieht dieses Muster ganz wesentlich mit ein.

Keine gute Idee ist es dagegen, den ganzen Tag ängstlich und verspannt darauf zu achten, ob ich gerade irgendetwas Negatives denke und dem dann zwanghaft und jedes Mal etwas Positives entgegenstelle. Anschließend ist so mancher frustriert, weil sich trotz dieser Anstrengungen scheinbar keine besseren Anziehungspunkte für die Realität ergeben. Das Problem dabei ist offensichtlich, dass so eine Herangehensweise in der Tiefe wiederum von Angst geprägt ist: »Ich darf auf keinen Fall etwas Negatives denken, sonst passiert xy« – kein Gedanke einer hohen Schwingung, und schon lässt der Effekt auf sich warten. Leider zählen hier die grundlegenden, oft relativ unbewussten Gedankenmuster mehr, die unsere Psyche und Erfahrungen beeinflussen. In dem oben genannten Beispiel könnte ein unbewusster negativer Glaubenssatz sein: »Die Welt ist ein gefährlicher Ort, und ich muss ständig aufpassen. Selbst auf meine Gedanken muss ich achtgeben.« Wenn du es so liest, wird die eigentliche federführende Schwingung viel klarer – und sie ist eindeutig negativ.

Diese unbewussten Gedankenmuster aufzuspüren und sie auch noch zu verändern, ist eine ganz schön harte Nuss. Ich könnte jetzt aus meiner Erfahrung schreiben, die Veränderung dieser Muster sei so anspruchsvoll, dass du jahrelang daran arbeiten musst, mit allen möglichen Werkzeugen, Therapie oder Coaching. Selbst wenn es sich bei dem einen oder anderen so ergeben hat, in letzter Konsequenz ist auch das wiederum nur ein Glaubenssatz. Theoretisch (und nicht nur theoretisch) kann Veränderung sehr plötzlich passieren, wenn du den richtigen Schlüssel findest. Die Türen stehen immer offen. Therapeuten berichten genauso von Fällen, in denen Klienten nur wenig Zeit oder wenige Sitzungs-Stunden hatten, die sie dann aber intensiv nutzten und rasche Fortschritte erzielten.

Ein gutes Beispiel dafür, wie Menschen in hoher Schwingung leben, sind übrigens Kinder. Sie leben total im Moment, genießen das Hier und Jetzt und machen sich keine Gedanken zu übermorgen. Anders ausgedrückt: Sie haben das Mindest, dass ihnen alles zusteht, was sie brauchen, und dass es völlig okay ist, einfach den ganzen Tag Spaß haben zu wollen.

Auch Tiere leben in der Regel viel mehr im Augenblick und haben paradoxerweise häufig eine höhere Schwingung als Menschen. Wer einen Hund oder eine Katze zuhause hat, weiß, wie sich wirkliche, unbedingte Liebe und eine sichere Bindung anfühlen. Tiere sind zu so unglaublicher Freude fähig, dass es uns Menschen manchmal echt neidisch macht. Dieses Beispiel mag für dich vielleicht überraschend sein, weil dein aktuelles Lebensziel nicht heißt, wie eine Katze zu leben, aber es zeigt, dass Schwingung nicht etwas mit Verstand oder Intelligenz zu tun haben muss.

Jetzt kannst du dich natürlich fragen, warum wir Menschen in Beziehungsfragen so viele Themen mit uns herumschleppen und so ein Gewese darum machen. Ich kann dir dazu natürlich nur meine Gedanken erläutern, wie ich es (vielleicht) verstanden habe:

Ich denke, wir Menschen brauchen mehr »Reibung«, um uns fortzuentwickeln. Unsere kräftigen Sehnsüchte und Wünsche stoßen einen sehr starken kreativen Prozess an, in dem unsere Seele sich immer neu ausdrücken kann. Wenn wir den ganzen Tag völlig zufrieden rumsitzen würden, wäre das sicherlich sehr schön (und ich finde auch irgendwie erstrebenswert ☺), aber mal ehrlich: Würden wir uns weiterentwickeln? Würden wir die »Mona Lisa« malen? Würden wir Beethovens 9. Sinfonie schreiben? Würden wir Rockbands gründen? Wahrscheinlich nicht ...

Letzten Endes sollte man das Ganze vielleicht wie eine Art Spiel ansehen (ich weiß, das fällt angesichts der Emotionen teilweise sehr schwer und soll auch nicht heißen, dass ich deine heftigen Erfahrungen banalisiere). Ein Spiel, in dem wir uns erfahren, aber auch lernen, unsere Schwingungen besser zu steuern – erst dann können wir unsere Gegenwart irgendwann richtig und pur genießen.

Und dann co-kreieren wir ja die ganze Zeit mit unseren Mitmenschen auch noch. Ein schönes Spiel! Aber letzten Endes wissen wir einfach nicht alles.

Eine Notiz am Rande: Auch an hohe Schwingungen musst du dich erst gewöhnen, weil sie sich zunächst ungewohnt anfühlen. Manchmal hast du dich an das Leiden so gewöhnt, dass du es (unbewusst) geradezu festhältst (dazu unten mehr).

Kollektive Schwingung

Ein weiteres wichtiges Thema stellt die *kollektive Schwingung* dar. Das ist die Schwingung, in der sich die Mehrzahl der Menschen, vor allem in deiner Umgebung, gerade befindet. Sie spielt eine große Rolle, du kannst sie besonders gut in der aktuellen Corona-Krise entdecken. Die damit verbundenen Ängste (ob berechtigt oder nicht, soll hier nicht unser Thema sein) haben sich fühlbar über die ganze Welt gelegt, mit einer sehr niedrigen Schwingung. Du merkst das natürlich, wenn du den ganzen Tag von Berufs wegen mit Menschen redest, die unter ihrer Angst leiden (nicht nur gesundheitlich, auch mit den sozialen Folgen). Jeder konnte miterleben, wie die Corona-Sorgen zuweilen regelrecht ansteckend wirkten, weswegen manche von einer zusätzlichen Angst-Pandemie gesprochen haben. Wer richtig feinfühlig hineinspürt, merkt die Schwingung sogar, ohne direkt mit anderen Menschen zu sprechen oder die Medien zu konsumieren. Ich meine sogar einen Unterschied zwischen Stadt und Dorf wahrzunehmen. Es ist so intensiv, dass man manchmal gar nicht weiß, ob man jetzt seine eigene Angst oder Wut verspürt oder eher das Kollektiv wahrnimmt.

Das scheint mir in diesen Zeiten die hohe Kunst zu sein, trotz der kollektiven Niedrigschwingung selbst in einer hohen zu bleiben oder sie zumindest zeitweilig zu erreichen. Ein anspruchsvolles Unterfangen, aber unsere Welt braucht das umso mehr. (Näheres dazu im Kapitel »Die Angst-Wolke«, S. 161.)

Ich empfehle, den ganzen Bereich *Gesetz der Anziehung / Schwingung* spielerisch anzugehen, nicht verbissen. Sieh das Ganze als eine Art Übungsplatz, auf dem du permanent Rückmeldungen zu deiner aktuellen Beziehungs-Situation bekommst, aber niemand dich wertet. Du machst deine Erfahrungen und darfst an ihnen wachsen. Ziehe aber bitte nicht den Umkehrschluss: Wenn dir etwas Negatives passiert, heißt das jetzt nicht, dass du vorher auf jeden Fall etwas Negatives gedacht hast (siehe oben S. 123)! Tatsächlich glaube ich, dass nichts aus Zufall passiert, aber vielleicht geht es manchmal um schmerzhafte Aufgaben, die, wenn du sie erst einmal durchgearbeitet hast und dich darin weiterentwickelt hast, aus einer höheren Warte und in der Rückschau Sinn machen ... aber natürlich nicht in dem Moment, wo sie passieren und du schlicht an ihnen leidest. Wenn dir etwas Negatives passiert, solltest du immer überlegen, ob du nicht aus Zitronen Cocktails machen kannst!

2.8 War ich mit meinem Seelenpartner zusammen?

Es gibt noch einen weiteren Aspekt, der Menschen rund um toxische Beziehungen zur Spiritualität führt. Er klingt vielleicht nicht so glücklich.

Das Thema hängt damit zusammen, dass du in diesen Beziehungen oft ein geradezu magisches Vertrautheitsgefühl erfährst. Ich umschreibe dieses Empfinden in meinen Videos so: »Keine Beziehung fühlt sich so richtig an wie die falsche.« Dieser Umstand ist wirklich total interessant, du bist dir absolut sicher: Ja, das ist jetzt der richtige Partner. Zweifel kommen nicht auf – ganz anders als in normalen Beziehungen, die schon mal ein etwas gemischtes Bild abwerfen.

Ich vermute, diese Sicherheit fußt darauf, dass du anfangs weder Verlust- noch Bindungsangst empfindest. Keine Verlustangst, weil der Partner oft ein intensives Lovebombing erfährt (»du bist die Tollste / Schönste / Einzigste«), und keine Bindungsangst, weil du tief in dir die Mauern des anderen spürst und unterbewusst weißt: Diese Person wird mir nie zu nahe kommen.

Ein weiterer Grund findet sich in dem extrem vertrauten Gefühl, das dein Liebeschip vermeldet: »Wunderbar, es ist genauso wie in meiner Kindheit! Und fühlt sich deshalb schön vertraut an.« Die Kindheit hat eine ganz eigene Magie, nach der wir uns oft zurücksehnen, selbst wenn beileibe nicht alles toll war.

Aber gut, nehmen wir dieses Vertrautheitsgefühl – ganz ohne psychologische Herleitung – für sich genommen einmal ernst: Könnte es sich um *den* berühmten *Seelenpartner* handeln? Im Internet kursieren dazu sehr viele Konzepte, etwa dass es eine gemeinsame Entwicklung zweier Seelen gibt, nur dass einer vielleicht etwas weiter ist und auf den anderen quasi warten muss bzw. die Entwicklungsarbeit anfangs für den Partner mitmachen muss. Meiner Ansicht nach füttert diese Vorstellung lediglich das Narrativ von toxischen Beziehungen, in denen man ja sowieso nur leidend wartet, dass sich irgendetwas tut, während sich in Wirklichkeit *nichts* tut. Und es füttert die Haltung des Co-Abhängigen, der fortwährend mehr an sich und der Beziehung ackert als der andere. Konsequenterweise stellt sich das Thema für mich wie folgt dar:

Dualseelen

Der Begriff umschreibt ein Konzept, bei dem sich eine »Überseele« quasi zweimal inkarniert (Mensch wird) mit sehr verschiedenen Seelenanteilen. Da die Anteile höchst unterschiedlich sind, wird angenommen, solche Beziehungen gestalteten sich sehr schwierig und fordernd. Dualseelen wie auch andere ähnliche Konzepte wollen sich übrigens keineswegs nur auf Liebesbeziehungen begrenzen lassen. Es könnte sich auch um eine Mutter-Kind-Beziehung handeln, eine Freundschaft usw. Ich persönlich kann nicht erkennen, dass ich mal so etwas erlebt habe.

Zwillingsseelen

Dieses Konzept meint, dass zwei Seelen quasi auf der gleichen Wellenlänge erschaffen wurden und daher eine sehr ähnliche Frequenz haben. Da die Ähnlichkeiten deutlich überwiegen, ziehen sich Menschen mit Zwillingsseelen immer wieder an. Solche Beziehungen können das liefern, was man sich gemeinhin und im Positiven von Seelen-Verbindungen wünscht. Von ihrer Anlage her sind sie jedoch gerade nicht toxisch, sondern eher ruhig und etwas zum Genießen. Eine solche Vorstellung finde ich persönlich viel greifbarer und habe durchaus manchmal das Gefühl, dass mir Paare mit so einem innigen Gleichklang begegnen.

Seelen-Verabredungen

Freunde dieser Vorstellung glauben, dass wir uns innerhalb einer gewissen Seelen-Familie bewegen und uns in diesem Kollektiv quasi unsere Erfahrungen verschaffen. Und tatsächlich können wir ja feststellen, dass wir uns häufig mit Menschen verbinden, die ähnliche Interessen und Lebens-Einstellungen haben. Gleichzeitig wird auf spiritueller Ebene hervorgehoben, dass wir Menschen zur Bequemlichkeit neigen und deshalb krasse Herausforderungen brauchen, um uns zu entwickeln.

Wenn ich diesen letzten Punkt einmal aufgreife, lässt sich durchaus festhalten, dass man sich in toxischen Beziehungen extrem weiterentwickeln kann. Die starke Emotionalität treibt uns zum Handeln.

Wenn du diese Sichtweise für dich akzeptierst, kannst du dir aus einem umfassenderen Blickwinkel vielleicht vorstellen, dass du dir bestimmte Entwicklungsthemen selbst in den Rucksack gelegt hast, um dein Herz und deine gute Selbstliebe weiter zu entwickeln. Da es außerdem darum geht, in unsere wirkliche Natur hineinzuwachsen, leisten toxische Beziehungen auch hier einen wichtigen Beitrag, da sie uns im Idealfall »aufwachen« lassen und uns auf die Suche schicken, was wir augenblicklich eigentlich machen und wo unsere Fehleinschätzungen des eigenen Lebens liegen könnten. Natürlich lässt sich dieser positive Aspekt meist nur in der Rückschau entdecken und ist auch lediglich ein Angebot: Du musst dein Erleben nicht so interpretieren, nur wenn es dir hilft.

Karmische Beziehungen

Du wirst diesen Begriff häufig im spirituellen Kontext finden. Wenn du dir diese Idee genauer anschaust, wirst du entdecken, dass auch hier im Grunde toxische Beziehungen beschrieben werden. In diesem Fall ist die Vorstellung, dass es ungelöste Aufgaben aus Vorleben gibt, die noch geregelt und ausgeglichen werden wollen; in dem Sinne, dass du vielleicht zu einer anderen Zeit in der Täter-Rolle gewesen bist.

Wenn du dieses Konzept als tröstlichen Gedanken erfährst, weil du das Gefühl hast, keiner Ameise je etwas zuleide getan zu haben und

trotzdem in gruseligste Kontakte geraten zu sein, kannst du es für dich verwenden.
Voraussetzung ist in diesem Fall, dass du dir so etwas wie die Unsterblichkeit deiner Seele samt Wiedergeburt vorstellen kannst.

Wie viele finde ich auch dieses Konzept spannend und kann sehr gut nachvollziehen, dass da eine Menge dran ist, auch wenn wir uns das, vermute ich, oft zu simpel vorstellen. Bei fast allen eben beschriebenen Modellen sehe ich aber eine Gefahr: Eine große Zahl von Menschen hängt jahrelang, sogar jahrzehntelang in toxischen Verbindungen fest, weil sie zutiefst glauben, dass es um *den* Seelen-Partner geht.

Ich persönlich kann mir durchaus vorstellen, dass du vielleicht ab und zu wirklich eine Partnerin oder einen Partner triffst, die oder der seelisch wie ein Puzzlestück zu deiner Seele passt, aber es ändert nichts an der Tatsache: *Toxisch* ist *toxisch*. Was für einen Sinn soll sich denn ergeben, sich kaputt zu machen (und diese giftigen Beziehungen können dich wirklich gefühlt zerstören) für eine vermeintlich schöne Fantasie, die in dem hier behandelten Themenbereich sowieso nie eintritt?

Persönlich kann ich mir auch nicht so recht ausmalen, warum ein anderer Seelenanteil so gegen den mit ihm verwandten agieren sollte.

Außerdem und ganz wichtig: Du kannst nicht nur mit *einem* Seelenpartner glücklich werden. Es gibt so viele Möglichkeiten auf dieser wunderschönen Erde! Ja, ich bin überzeugt, dass in Achterbahn-Beziehungen ganz viel Sinn liegen kann, aber nicht den, dass man auf alle Fälle darin verharrt (es sei denn, du willst das unbedingt, dann ist auch das okay!). Sondern, indem du sie als Sprungbrett nutzt, um dich in ungeahnte Höhen zu entwickeln. (Irgendwann werden wir uns sowieso alle wieder zusammenfinden, aber nicht jetzt.)

Aus dieser Perspektive betrachtet ist quasi jeder Partner oder jedes Date, überhaupt jede Begegnung (oder auch Nicht-Begegnung) immer die gerade richtige. Genieße, wann immer möglich, diese irre Reise und mach dir auch nicht zu viele Gedanken. Der Verstand versteht das alles sowieso nicht.

2.9 Jeder Mensch ist ein Aspekt von uns

So, jetzt wird es noch ein bisschen spiritueller! Bitte anschnallen.

Wir Menschen sind ja ein Kollektiv, offensichtlich, auch wenn uns viele Teile dieses Kollektives nicht gefallen. Wie wäre es, du würdest dir dieses Kollektiv quasi als ein Wesen vorstellen? Mit Milliarden von Aspekten. Dann würde sich beispielsweise Ablehnung so anfühlen, als wolltest du einen eigenen Körperteil ablehnen.

(Vielleicht klingt dieses Beispiel in deinen Ohren noch nicht so überzeugend, weil es ja tatsächlich vorkommt, dass wir mit Teilen unseres Körpers nicht zufrieden sind.)

Okay, wie wäre es so: Alle Menschen, die uns begegnen, repräsentieren einen bestimmten Aspekt, den wir in diesem (oder vielleicht in einem früheren) Leben gelebt haben und den wir deshalb anziehen. Wenn wir uns also heute morgen über den aggressiven Nachbarn aufgeregt haben, waren wir früher vielleicht mal in derselben Rolle wie dieser Mensch? Und schauen uns jetzt an, wie sein Verhalten aus einer anderen Perspektive wirkt? So eine Vorstellung ist doch echt spannend.

Kleine Aufgabe dazu: Mach doch mal das Experiment und denke für ein paar Wochen bei einem auffälligen Verhalten, das dir begegnet: Das habe ich vielleicht auch schon einmal genauso gemacht. Wenn dir das zu absurd erscheint, formuliere folgende Einstellung: »Irgendwann in meiner Entwicklung war ich auch mal an dem Punkt. Jetzt bin ich etwas weiter, aber jeder geht halt seinen eigenen Weg und hat sein eigenes Tempo.«

Frage: Wie fühlt sich das an? Ist es ein erleichternder Gedanke oder nicht?

Jetzt hältst du dem vielleicht entgegen: Ja, aber was ist, wenn es sich gar nicht so verhält? Nun, wenn du dieses Buch in den Händen hältst, wirst du wahrscheinlich Zugang zu der Affirmation haben, dass wir mit unseren Gedanken durchaus die Welt formen können. Selbst wenn du nicht sicher bist (wer kann das schon sein), wie es »wirklich« ist, ist ein tröstlicherer Gedanke und Zugang nicht an sich schon etwas Schönes? Es tut ja nicht weh: Probier es schlicht einmal eine Zeitlang aus und tu so, als ob ... (es stimmen würde)!

Nun könntest du umgekehrt den Schluss ziehen: Na, dann ist es doch nicht so schlimm, wenn ich mich »asozial« verhalte. Ist doch nur ein Lern-Aspekt, den jede und jeder durchmacht. Natürlich: Wir haben einen freien Willen und können theoretisch tun und lassen, was uns gerade in den Kram passt. Aber wie schon an anderer Stelle erklärt: Bedenke auch, dass alles, was du aussendest, irgendwo irgendwann zu dir zurückkehrt.

Und: Als Leser und Leserin dieses Buches möchtest du ja offensichtlich diesen Täter-Opfer-Kreislauf beenden, weil du darunter leidest und dir ein erfüllteres Leben vorstellen kannst. Dazu ist es aus meiner Sicht wichtig, auf einer übergeordneten Ebene beide Aspekte zu integrieren. Und Richtung »5D-Beziehung« weitergehen, heißt zu sehen, dass Kampf und Krieg einfach keinen Sinn machen, nicht einmal gegen die, die uns »böse« erscheinen.

Wohlgemerkt, ich rede von Kampf, nicht von gesunden und klaren Grenzen. Ich kann für mich glasklare Grenzen ziehen, ohne jemanden »vernichten« zu wollen. Nicht umsonst sind erwachsene Täter meist als Kinder Opfer gewesen. Wenn sie mal reflektierten, dass sie früher selbst Opfer der Handlungen gewesen sind, die sie jetzt an anderen ausüben, könnte es an der Zeit sein, diesen Zyklus endlich zu unterbrechen. Dazu kann jede und jeder etwas beitragen. Angefangen bei sich selbst – und dann auch gesellschaftlich.

2.10 Was ist Liebe?

Wenn wir versuchen, einmal ganz ehrlich hinzuschauen, geht es in den meisten romantischen Beziehungen vermutlich viel weniger um Liebe, als man gemeinhin annimmt.

Die Medien, insbesondere die Filmwelt, gaukeln uns gerne vor, dass monogame Liebesbeziehungen *der* Ort echter guter Liebe sind. Ist dir auch schon aufgefallen, dass in Filmen meistens nur die Phase des Kennenlernens gezeigt wird, bis das Filmpaar quasi zusammengefunden hat? Und selten (außer in Filmen nach 23 Uhr) die konkrete Beziehungszeit danach?

- In der allerersten Phase sehr verliebt zu sein, klappt vor allem in toxischen Beziehungen super. Warum? Weil dies die Phase unserer Wunsch-Fantasien ist, die wir in den anderen hineinprojizieren. Das funktioniert problemlos, denn wir kennen den anderen noch gar nicht in der Tiefe, und der Partner gibt sich in der Regel viel Mühe, einen guten Eindruck zu hinterlassen. Dabei glauben wir übrigens nicht nur, dass er oder sie genau die Person ist, die wir uns in unseren kühnsten Träumen erhofft haben. Wenn du genau hinschaust, projizierst du auch in dich selbst hinein, dass du die exakt passende Rolle zu ihm oder ihr spielen wirst. Witzigerweise ist Letzteres häufig komplett falsch. Sollte der neue Partner die absolut verlässliche und sichere Beziehung darstellen, ich aber noch in Retter-Themen oder bindungsängstliche Anziehungspunkte verstrickt bin, ist die Gefahr sehr groß, dass ich selbst die Beziehung sabotiere oder das Interesse verliere. Ja, so verrückt kann die »Liebe« sein.
- Hinzu kommt Folgendes: Starke *Verlustängstler* (der Plus-Pol) nehmen einen Partner intensiv in Beschlag, um sich überhaupt funktionsfähig zu fühlen. Der oder die andere fungiert quasi wie eine Krücke. Wenn sich der Partner problematisch verhält, kann sich der Plus-Pol nicht einigermaßen locker trennen, weil Trennungen schlicht zu furchteinflößend sind. Selbst wenn der Partner mal alleine sein möchte, können Verlustängstler das oft nicht zulassen, obwohl sie tief drinnen wissen, wie gut es für den anderen bzw. sogar für die gemeinsame Beziehung wäre. Diese Ängste wiederum bewirken, dass sie den anderen nicht so lassen können, wie er ist, sie müssen ihn einschränken, manchmal sogar manipulieren. Und schließlich versuchen sie, Energie für sich selbst und die eigene Leere aus dem anderen herauszuziehen.

- Aber auch starke *Bindungsängstler* (der Minus-Pol) leben auf das Ticket des Partners und der Partnerin. Oft sogar noch viel mehr. Auch sie hätten oft gerne die Nebenleistungen von Beziehungen (mit dem Begriff meine ich vor allem Sex und Aufmerksamkeit), ohne für die für sie oft lästigen Dinge von Beziehungen zuständig sein zu wollen (Verbindlichkeit, Unterstützung, Trost usw.). Manche Bindungsängstler können ebenfalls nicht alleine sein, und finden dann aber die Lösung, heimlich Beziehungs-Dreiecke zu bilden (also Affären), um bloß nirgendwo richtig investieren zu müssen, aber trotzdem (scheinbar) »sicher« zu sein. Auch das bedeutet, ich ziehe massiv Energie vom anderen ab.
  Während sich die bisherigen Ausführungen auf Aspekte beziehen, die von den eigenen Bedürftigkeiten ausgehen, gesellt sich schließlich noch das Ego dazu. Viele Beziehungen basieren auf dem Ego, weil man meint, einen ganz besonders »wertvollen Fang« gemacht zu haben – ich date eine Schönheitskönigin / einen Schauspieler.
- Als Letztes ist anzumerken, dass Beziehungen auch ein Tauschgeschäft beinhalten können. Genannt sei hier die sog. »Sugar Daddy«-Beziehung, in der Status und Geld gegen körperliche Attraktivität getauscht werden.

All diese Punkte haben zunächst nichts mit Liebe zu tun. Sie resultieren aus psychologischen Gegebenheiten oder unseren Genen, aber nicht aus Liebe.

Das alles bedeutet natürlich nicht, dass du dich über deine »Natur« erheben sollst, das wäre völlig widersinnig. Unser Körper sortiert natürlich vor, etwa über den Geruchssinn, und hat sexuelle Präferenzen etc.

Konkret meine ich damit: Wenn du auf Frauen stehst, kannst du natürlich trotzdem einen Mann sehr lieben, ohne mit ihm sexuell werden zu wollen. Oder du kannst Menschen mit bestimmten körperlichen Attributen besonders bevorzugen. Aber die Beziehung sollte nach Möglichkeit *auch* Liebe beinhalten, echte Liebe.

Diese letzten Absätze können dich jetzt sehr verwirren, denn wenn deine Partnerwahl als Bindungs- oder Verlustängstler zunächst nichts mit Liebe zu tun hat, woran merkst du dann überhaupt, dass du geliebt wirst oder liebst?

Tatsächlich gibt es wenig Liebe in diesen Beziehungen, oder sagen wir mal, weniger als du denkst. Du erkennst Liebe schon daran, dass dein Partner *dich so lässt, wie du bist*.

Woran merkst du es noch? Nicht an den Worten! Ein herzergreifendes »Ich liebe dich« reicht da nicht aus, sondern *entsprechende Taten*, mit denen der andere in seinen Möglichkeiten *für dich* da ist, und (ganz wichtig) in der gemeinsamen Zeit *dein* Bestes will! Ein Mensch, der dich wirklich liebt, würde dich zuhause nicht einengen und anbinden, nicht ständig an dir herumnörgeln, sondern dich so lassen, wie du bist. Er oder sie würde dich nicht festhalten, wenn dein Weg woanders hingeht. Und nach einer Trennung auch nicht in einen Rosenkrieg hineinziehen. Vor allem würde er versuchen, Manipulationen jeder Art zu vermeiden.

Einfach ausgedrückt: Wenn Biologie, Psychologie und echte Liebe zusammentreffen, dann erblüht eine tolle Beziehung! An dieser Stelle wird hoffentlich auch klar, dass Liebe überall und jederzeit entstehen kann und hoffentlich auch entsteht: zwischen Freunden, Eltern / Kindern, zu Tieren usw.

Wenn wir uns auf eine höhere Schwingungs- und Beziehungsebene heben wollen, müssen wir zu echter Liebe finden. Liebe hat viel mit Freiheit zu tun, und um diese bewusste, klare Freiheit in Beziehungen leben zu können, braucht es Arbeit an der eigenen Bedürftigkeit und an der Freude am eigenen Sein. Kurz gesagt, es braucht genug Selbstliebe. Außerdem muss du dein Ego ausreichend im Blick behalten, um dich von zu viel Manipulation fernzuhalten.

Erfreulicherweise brauchen wir das Ego und unser Inneres (manchmal unglückliches) Kind nicht zu überwinden, sondern sollen es in Liebe annehmen und anschließend bitte »auf die Rückbank setzen« (siehe S. 61ff. und 148f.).

Wie kannst du nun an höher-schwingenden Beziehungen arbeiten und wie vermeidest du die oben angesprochen Fallen? Ich würde sagen, ganz entscheidende Schritte dabei bilden *Authentizität* und *Ehrlichkeit*. Wenn du in deiner Partnerschaft immer sagst, was du Wichtiges denkst, und nichts heimlich zurückhältst, dann machst du es deinem Partner zwar nicht leicht, aber du manipulierst ihn auch nicht.

Aber Achtung: Deinem Partner aus dem Schmerzkörper (also in wütenden Szenen) heraus entgegenzuballern, er sei schon wieder dicker geworden, hat mit Ehrlichkeit in diesem Sinne nichts zu tun. Denn deine Intention ist nicht Ehrlichkeit und Wachstum, sondern Demütigung und Verletzung, und damit auch eine Art Manipulation im Minus-Pol, um Distanz zu schaffen. Wenn du so weit, wie das menschlich möglich ist, du selbst bist, bist du per Definitionem nicht bedürftig. Denn du mutest dich ganz zu und riskierst mit dem, was du sagst, gegebenenfalls abgelehnt zu werden. Wenn dein Partner dich aber gerade dann besonders will (und dich für deine Ehrlichkeit schätzt), dann kommen wir dem Gefühl, in der Tiefe geliebt zu werden schon deutlich näher!

In einer Single-Phase schaffst du witzigerweise gerade damit Anziehungspunkte, die auch den geeigneten Partner anziehen bzw. ungeeignete abstoßen. Natürlich bist du mit deiner Authentizität genauso gefragt!

Nun geht die Frage auch an dich selbst: Kannst du denn deine Partnerin so lassen, wie sie ist? Dieses ewige Retten und Ändern-Wollen als Plus-Pol ist in der Tiefe auch nicht so liebevoll, wie du vielleicht denkst. Bei genauerem Hinsehen erweist es sich ebenfalls als eine Art von Manipulation, denn retten meint schnell ein Bevormunden. Anders gesagt: Auch der Plus-Pol kann den anderen nicht so lassen, wie er ist.

Bitte beachte den Unterschied: Selbstverständlich kannst du bestimmte Umstände ansprechen, wenn sie dir nicht passen – das wäre ja sonst wieder nicht authentisch. Aber die Stoßrichtung ist eine andere: Beim Meckern willst du den anderen grundsätzlich ändern und es schwingt etwas von Ablehnung der anderen Person mit, bei Kritik willst du in einer bestimmten Situation eine Handlungsänderung, sagst es aber in verständnisvollem Ton, der dem anderen deine bleibende Liebe signalisiert. Beim Lesen der Zeilen fühlst du vielleicht diesen feinen, hochinteressanten Grat der Liebe, der hier begangen werden kann. (Weiteres dazu findest du im Kapitel über 5D-Beziehungen, S. 107.)

2.11 Aus Ego und Angst werden Liebe und Einheit

Nach so vielen Buchseiten wirst du inzwischen gemerkt haben, dass ich eine eigene Sprache und meine eigenen Begriffe für Aspekte rund um toxische Beziehungen verwende. Das betrifft besonders die spirituelle Seite, weil die Dinge dort schwer zu beschreiben sind.

Wie kann man denn nun in einfachen Worten den Übergang in höhere Schwingungen für alle menschlichen Beziehungen beschreiben, wenn man mal 3D, 5D und all das außen vorlässt?

In einer anderen Begrifflichkeit sprechen wir, grob zusammengefasst, von Ego und Angst. Da das Ego recht fragil ist, sich ständig bedroht fühlt, sich endlich-begrenzt sieht, entsteht natürlich eine Menge Angst. Für das Ego erscheint das Leben als ein ständiger Kampf, es geht ums pure emotionale Überleben. Wir haben bereits gesehen, dass das Ego als eine Art Beschützer für das Innere Kind fungiert, nur kommt es dabei manchmal so rüber wie ein ruppiger, mobbender Kumpel aus der Motorrad-Gang. Jedes Mittel scheint recht, um sich durchzusetzen. Wie gesagt, das Ego ist nicht »böse«, nur als alleiniger Leitstern im Denken und Handeln eignet es sich nicht so besonders. Insofern gehören all die elenden Kämpfe in toxischen Beziehungen in diesen Bereich. Es hört sich an wie bei zwei Ertrinkenden, die sich um einen schmalen Ast streiten, auf dem scheinbar nicht genug Platz für beide ist. Tatsächlich ist die Wahrheit eine ganz andere. Weder ist der Ast zu schmal, noch geht es tatsächlich ums Ertrinken. Sie haben bei ihrem ganzen Kampfgebaren vergessen, dass unter ihnen ein riesengroßer Strand mit weichem Sand liegt.

In höherschwingenden Beziehungen sind wir mehr in unserem höheren Selbst, habe ich gesagt. Mit anderen Worten ausgedrückt:

Je mehr wir uns selbst innerlich kennenlernen, entdecken wir einen wesentlichen Unterschied zu der kämpferischen Sichtweise des Ego: Wir entdecken, dass wir alle aus dem gleichen Holz geschnitzt sind. Jede und jeder hat Ängste, Aufgaben in Beziehungen, ist mal Täter, ein anderes Mal Opfer. Wir alle sind hohe Lichter in einem menschlichen Körper, egal wie sehr wir uns davon abgewendet haben. Und der Plan besteht darin, sich dem Licht wieder zuzuwenden.

Es bringt wenig, dieses Bewusstsein des Großen und Ganzen mit dem Verstand anzuschauen, du musst es von innen mit dem Herzen fühlen, dass es so ist. Wenn dieses Bewusstsein erst einmal geweckt ist, kannst du natürlich immer noch unzufrieden mit Menschen sein, aber du kannst nicht mehr so hasserfüllt gegen sie vorgehen. Du begreifst plötzlich, dass du letztlich gegen dich selbst kämpfen würdest.

Hoch schwingende Beziehungen werden aus der Fülle geboren, man sprudelt über vor Glück und will es mit anderen teilen (ja, ich weiß, da sind wir noch lange nicht als Kollektiv!). Ohne dieses eigene Übersprudeln ist es recht schwer, die Schwingungen wirklich zu spüren und nicht nur zu denken. Deshalb sind gefühlte Selbst-Liebe und das naisgeile Leben so wichtig.

Insofern willst du dann den anderen gar nicht kontrollieren oder in Schach halten, schon gar nicht belügen. Wofür denn? Du hast jetzt alles, was du zu einem innerlich guten Leben brauchst.

Das »wir gegen die da« überwinden

Im Frühjahr 2020, mit Beginn der Corona-Pandemie, hatten wir nicht nur physische Wetter-Stürme, wir erlebten auch die Stürme der Dualität. Was das heißt, konnte jeder (oder kann man vielleicht noch) täglich sehen: ein ständiger Kampf zwischen »ich bin dafür« und »ich bin dagegen«, von politisch links bis rechts. Diese zum Teil heftig ausgetragenen Überzeugungskämpfe wollten uns, so glaube ich, nochmal verdeutlichen, dass wir endlich unser Schwarz-Weiß-Denken, unser Gut-Böse-Fühlen überwinden müssen. Und wir können das, denn so kommen wir nicht weiter. Selbstverständlich kannst du eine andere Meinung haben, aber diese permanenten Attacken und damit einhergehenden Verletzungen sind doch eigentlich genau das, was uns diesen ganzen Schlamassel eingebracht hat – also nicht das Virus, sondern die gesellschaftlichen und politischen Verwerfungen. Gerade bei Meinungsverschiedenheiten ist es doch zentral wichtig, zu sehen, dass wir *eine* Menschheit sind.

Du fragst vielleicht, warum ich hier diese eher politischen Dinge erwähne. Was hat das mit deiner Beziehungs-Arbeit zu tun? Für mich zeigt sich eines: Was du in toxischen Zweier-Beziehungen erlebst, setzt sich quasi ungebremst fort in größeren Zusammenhängen. Im Kleinen wie im Großen. Ich bin kein Politiker oder Aktivist, aber ich möchte an dieser Stelle auf die Parallelen hinweisen. Auf den größeren Ebenen von Parteien oder Staaten kann man recht gut erkennen, wie aktiv das Ego global (noch) agiert.

Damit wir dieses Ego-Handeln und seine z.T. katastrophalen Folgen Stück für Stück überwinden, kann jede und jeder bereits in seiner eigenen Beziehungsarbeit einen kleinen Anteil leisten. Du fängst im Kleinen an, und es wird sich im Großen auswirken.

2.12 Leidest du gerne?

Eine freche Frage, ich weiß. Sie ist natürlich zugespitzt, keiner will leiden.

Dennoch musst du dir in toxischen Beziehungen diese Frage einmal ernsthaft stellen. Ich kann die Frage anders formulieren, dann wird es bestimmt klarer: Hast du dich so sehr an die dunklen Aspekte in deiner Beziehung gewöhnt, dass dir alles Neue fast noch mehr Angst bereitet? Hast du vielleicht eine Art Angst davor, mit jeder Faser deines Seins geliebt zu werden?

Bevor du jetzt schnell *Nein*! rufst, möchte ich dich bitten, einen Moment innezuhalten.

Ich für meinen Teil kann die Frage mit einem genauso schnellen *Ja* beantworten. Ich hatte definitiv ein Problem damit und habe es manchmal sogar noch. Das Alte, Toxische hat dir über Jahrzehnte einen gewissen Halt gegeben, weil es halt das ist, was du sehr gut kennst, obwohl du es gleichzeitig verabscheut hast und du davor fliehen wolltest.

Als Zweites kannst du überlegen, ob es nicht vielleicht Menschen in deinem Leben gibt, die dich sehr lieben, die du aber nicht wirklich an dich heranlässt. An sich heranlassen meint, sich ihnen zu öffnen, sie teilhaben zu lassen an Höhen, aber auch echten Tiefpunkten deines inneren Lebens. Es fühlt sich manchmal sicherer an, jemanden zu lieben, der einen nicht zurückliebt, denn dann brauchst du nie zu testen, ob aus deiner Beziehungs- oder Freundschafts-Fantasie Realität entstehen kann. Dann brauchst du dich nicht verletzlich zu zeigen.

Das Toxische hat eine niedrige Schwingung, was nicht bedeutet, dass es nicht manchmal sehr anziehend wirkt mit der ganzen Gefühls-Achterbahn drumherum.

Tatsächlich kostet eine echte Umstellung deiner Einstellungen und Gewohnheiten Kraft. Du musst Zeit investieren, um dich mehr den lichteren Lebensinhalten zuzuwenden. Es ist wie mit dem Essen: Wenn du jahrelang Pizza und Pommes gegessen hast, fällt es dir schwer, plötzlich Salat und Möhren gut zu finden.

Auf der anderen Seite gilt auch – und das kann ein zusätzlicher Antriebsmotor sein: Wenn du dich erst einmal kontinuierlich höheren Schwingungen zuwendest, wirst du immer mehr Abwehrkräfte gegen alte Energien haben, die Eingewöhnung in deine neuen Muster fällt je länger umso leichter. Ich merke das beispielsweise beim Alkohol. Früher habe ich echt gerne mal ein, zwei Cocktails getrunken. Dann mochte mein Magen das nicht mehr, rebellierte und ich habe es lange gelassen. Jetzt mag ich Cocktails gar nicht mehr richtig, obwohl diese Gewohnheit noch abrufbar wäre.

Mach dich also auf den Weg, lass dich in das Neue fallen und vertraue darauf, dass dich das Universum, deine höhere Macht, echte Freundinnen und Freunde in Liebe auffangen werden!

2.13 Innere Schatten und Wunden heilen

Den Begriff »Schattenarbeit« hört man recht oft in der psychologischen oder spirituellen Welt. Es geht dabei um »dunkle« oder schmerzvolle Aspekte der eigenen Persönlichkeit.

Es gibt Menschen, die scheinen mir regelrecht besessen zu sein von der Arbeit an ihren dunklen Vergangenheitspunkten. Sie suchen quasi ständig nach weiteren inneren Wunden. Ja manche geben regelrecht mit ihrer finsteren Selbstanalyse an.

Ich denke, du solltest deine Energie und deinen Fokus hauptsächlich auf das Positive und Lichte richten und dich eher damit befassen, was du in der Zukunft erreichen möchtest, also auf den Weg *vor* dir. Die biografischen Aufgaben, die es aufzulösen gilt, fallen dir sowieso im Laufe deiner Beziehungsarbeit vor die Füße.

Trotzdem birgt auch ein Zuviel an »positivem Denken« Gefahren, die wir im Folgenden in einem kurzen Exkurs beleuchten:

Spiritual bypassing

Für den Begriff »Spiritual bypassing« gibt es leider keine so richtig griffige deutsche Übersetzung. Er bedeutet: *Vermeidung von psychischen Schmerzpunkten durch eine aufgesetzte Spiritualität.* Ein Beispiel: Nehmen wir einmal an, du lebst in einer richtig schmerzhaften Beziehung, in der dein Partner (mit schweren Kindheitserlebnissen) dich permanent durch stichelnde bis respektlose Kommentare verletzt, beispielsweise über dein Äußeres. Du liebst Spiritualität und suchst direkt nach Mustern für deine Beziehung, wie: »Er ist mein Seelenpartner und ich muss ihm Liebe vorleben«, oder »Wenn ich nicht auch Wunden hätte, würde es mich gar nicht verletzen«. Damit vermeidest du aber notwendige Auseinandersetzungen im Hier und Jetzt. Du bist nun einmal in dieser schmerzhaft toxischen Beziehung und kannst dich nicht einfach wegbeamen. Wir können unsere Körperlichkeit und die derzeitige

3D-Realität nicht leugnen. Oder anders gesagt: Ob er dein Seelenpartner ist oder nicht – das Toxische macht dich längerfristig kaputt und du musst da raus. Ohne gesunde Grenzen verbleibst du endlos in unglücklichen Situationen. Sich die Beziehung spirituell schönzureden, bringt dich nicht wirklich weiter. Und deinen Partner übrigens auch nicht.

Es kann schon deswegen nicht funktionieren, weil Partner, die ständig in ihrem Schmerzkörper verweilen, geradezu danach hungern, dass auch du verletzt bist. Sonst ginge es dir ja besser als ihnen – ein unbewusst unerträglicher Gedanke. Wenn wir also verbale Verletzungen wegatmen oder -meditieren, erreichst du dein Ziel nicht, stattdessen kommen gleich anschließend noch viel gruseligere Attacken.

Du musst folglich einen Mittelweg beschreiten: einerseits das große Ganze deiner Handlungs- und Reaktions-Muster erforschen, andererseits aber auch möglichst präsent sein, um deine konkreten Aufgaben im Beziehungs-Alltag zu erledigen.

Zu Letzteren gehören psychische Verletzungen aus deiner Biografie. Du musst danach nicht herumstöbern – das tagtägliche Leben wird dir für jede offene Wunde Situationen liefern, die dir signalisieren: Ja, da ist noch eine unbearbeitete Verletzung oder ein offenes Thema. Das betrifft übrigens keineswegs nur Beziehungen.

2.14 Verzeihen statt rächen

In der Aufarbeitung meiner Beziehungserfahrungen bzw. bei der Umprogrammierung meines Liebeschips bin ich immer wieder über das Thema *Verzeihen* gestolpert.

Wenn du so eine richtige Horror-Beziehung hattest, bist du nach einer Trennung zunächst komplett fassungslos. Du versuchst dich noch daran festzuhalten, dass der andere doch bestimmt (im psychologischen Sinne) unbewusst gehandelt hat. Aber bald wirst du feststellen müssen, dass er oder sie die Dinge, die passiert sind, einfach nicht »unbewusst« machen *konnte*. Wenn ich zum Beispiel nach einer Trennung Falsch-Anschuldigungen verbreite, dann weiß ich ganz genau, dass diese falsch sind, und ich verfolge bewusst nur ein einziges Ziel: dem anderen zu schaden (was mit Liebe überraschenderweise ☺ ja mal gar nichts zu tun hat).

(Als Randnotiz: Wie liebevoll eine Beziehung war, kannst du hervorragend nach der Trennung sehen [insbesondere wenn *du* dich getrennt hast]. Wenn dabei alles ruhig und vernünftig läuft, ihr euch vielleicht sogar alles Gute wünschen könnt, dann war wirklich Liebe im Spiel.)

Im vorausgehenden Fall der nachträglichen Beschuldigungen ist es absolut menschlich, dass du dem oder der Ex im ersten Moment die Pest an den Hals wünschst. Zumindest aber, dass er oder sie doch selbst den Psycho-Stress durchmachen soll, den du in den letzten Tagen durchlitten hast. Eines der vielen Probleme besteht jedoch darin, dass du durch deine Wut weiterhin mit dem oder der Ex verbunden bleibst – in dieser niedrigschwingenden Verbindung –, weil diese Rachegefühle aus der »3D«-, der Täter-Opfer-Welt stammen. Daher hilft es dir mehr, deine Sichtweise zu ändern: Dein(e) toxischer Ex ist sicherlich, genau wie du, durch eine Entwicklung gegangen, war bestimmt auch mal Opfer und hat dann seine bzw. ihre Mauern hochgefahren, um nicht mehr verletzt zu werden. Aus diesem Grund wurde er/sie nun dir gegenüber zum Täter.

Deine Wut bedeutet einen guten und wichtigen Schritt: Du bist »wach« geworden und fühlst darin die Energie, etwas an deinem Leben zu ändern. Ich wiederhole mich gern: Du hast nichts gewonnen, wenn du in deiner Co-Abhängigkeit verbleibst, alles völlig unkritisch durchgehen lässt und dich respektlos behandeln lässt. Doch wie findest du jetzt die richtige Abzweigung?

Narzisstische Beziehungen

Wenn du insbesondere eine hoch-narzisstische Beziehung erfahren hast, kann man im Anschluss völlig sprachlos sein ob der Ungeheuerlichkeiten, denen du ausgesetzt warst. Das Gefahrenpotenzial steigt in so einer Situation sehr, selbst in den Kampf zu ziehen bzw. sich rächen zu wollen (damit meine ich nicht, dass du kurzfristig Rachegedanken hegst, sondern dieses Gefühl in Handlung übersetzt). So verständlich dies auch ist, würdest du auf diese Weise nur eine nächste Runde in der Täter-Opfer-Dynamik einleiten. Obendrein spielst du weiter das Spiel des anderen, weil er oder sie sich unter Umständen sogar »freut«, einen Wirkungstreffer erzielt zu haben. Gerade wenn du womöglich eine juristische Auseinandersetzung führst, machen rachsüchtige, vielleicht sogar hysterisch wirkende Äußerungen überhaupt keinen guten Eindruck und bescheren einem die nächste Niederlage, wenn man Pech hat.

Wenn du in so einem Rosenkrieg verfangen bist oder ähnlichen Verstrickungen innerhalb deiner Beziehung, oder wenn du meinst, dass dir einfach übel mitgespielt wurde, dann solltest du natürlich dein Recht suchen (zumindest, wenn es sich um größere Werte handelt). Aber versuche es auf eine kühle Art, ich sage ganz gern, »kalt wie Ninja«, was zugegeben ein etwas hinkender Vergleich ist. Kühl und überlegt, aber absolut zielorientiert und klar solltest du deine Schritte setzen. Ich empfehle dabei aber *unbedingt* die eigene Spielfläche sauber zu halten. Selbst wenn dein Ex-Partner mit allen möglichen Tricks arbeitet, mache das selbst nie. Sei hart in der Sache, aber bleibe fair.

Wenn du dich selbst auf einen Rachefeldzug begibst und allerlei Tricks anwendest, wirst du wahrscheinlich feststellen, dass sich das kurzfristig schön anfühlt – im Sinne von »Das Imperium schlägt zurück«. Aber du begibst dich auf ein Spielfeld, auf dem sich der andere wohl besser und erfahrener tummelt: Während dich die Angst lähmt, aufzufliegen, und du so nicht richtig in deiner Kraft bist, werden merkwürdigerweise die Fouls des anderen meist nicht entlarvt.

Sei ein Sportsmann bzw. eine Sportsfrau und bündele deine Energie: Viel effektiver ist es, sich intensiv die eigenen Gefühle von Schmerz und Ohnmacht anzuschauen, weil es sich sehr wahrscheinlich um schon bestehende Wunden handelt. Wenn du das tust und dadurch im

Außen klar auftrittst, kann sich das Blatt komplett für dich wenden, denn die Anziehungspunkte der Täter-Opfer-Dynamik haben sich im selben Moment vollständig verschoben. Das mag sich jetzt recht spirituell anhören (und ist es auch). Natürlich kann ich dir keine Garantie dafür geben, dass du ohne Schrammen aus so einem Trennungsprozess herausfindest. Aber mir scheint es aus den bisher benannten Gründen der beste Weg zu sein.

Auch wenn du dich nicht oder nicht mehr in diese Zweikämpfe verwickeln lässt, ist es gut und wichtig, weiterhin an deinen niedrigschwingenden Gefühlen zu arbeiten.

Unbewusst versus unbewusst

Tatsächlich halte ich es für extrem wichtig, in einen Prozess des Verzeihens zu gelangen. Selbst wenn du für deine Ex keinen Sinn darin erkennen kannst, ist es doch für dich umso entscheidender. Deine Seele kann sich schlicht viel besser vom Ex-Partner und den durch ihn oder sie entstandenen Schaden lösen und in Ruhe weiterziehen, wenn du nach und nach Vergebung übst. Es darf ruhig lange dauern, so lange du dafür eben brauchst.

Nun wirst du dich bestimmt fragen: *Wie* kann ich diese Dinge verzeihen? Es kommt ja nicht von selbst und in mir ruft eine verletzte Stimme: Kommt gar nicht in Frage! Nun, du musst dir, wie ich oben bereits ausführte, nichts einreden nach dem Motto: Meinem Ex, dem Armen, war das quasi alles gar nicht bewusst, er hat mich zwar mehrfach betrogen, aber doch nur, weil er das aus seiner Kindheit so kannte – da kann er doch eigentlich gar nichts für.

Jedem leuchtet unmittelbar ein, dass ein Partner beim Fremdgehen nicht klipp und klar weiß, was er da macht und dass es nicht in Ordnung ist.

Selbst wenn er noch so empathielos auftritt und Mitgefühl offensichtlich kaum kennengelernt hat. Letzten Endes ist es also dann doch eine

Art Unbewusstheit, wie ein nebliges Verschwimmen von bewusstem und unbewusstem Handeln, aber ich würde sagen, weniger auf psychologischer, sondern eher auf spiritueller Ebene:

Nach meinem Deutungs-Angebot übernimmt dein Ex-Partner, diese ganz spezielle Person, eigentlich eine Platzhalter-Rolle für deinen weiteren Entwicklungs-Prozess. Wenn es nicht dieser Mensch gewesen wäre, hätte dich wahrscheinlich ein anderer zu einem anderen Zeitpunkt betrogen, weil du deine Grenzen zu jenem Zeitpunkt nicht klar gesteckt hattest (das ist eine Beschreibung, kein Vorwurf nach der Art: Bist doch selbst Schuld!). Für das Fremdgehen ist selbstverständlich dein Ex-Partner verantwortlich – aber zugleich weist dich das Leben, das Universum an diesem Punkt darauf hin, dass du deine Grenzen definieren und danach handeln musst.

Für meinen Teil gehe ich inzwischen noch einen Deutungs-Schritt weiter – den musst du aber nicht mitvollziehen, aber verschweigen will ich ihn dir auch nicht: Stell dir doch mal vor (ich weiß, das wird jetzt völlig abgedreht), dass du auf einer höheren Seelenebene diese Person vielleicht sogar akzeptierst hast, um eine bestimmte Erfahrung zu machen und zu verarbeiten, damit du anschließend den nächsten Entwicklungsschritt gehen kannst, den du sonst nie eingeleitet hättest.

Selbst wenn diese Ideen für dich zu weit gehen (– ich weiß auch nicht, ob es so ist –), handelt es sich doch um dein Theaterstück, das du hier aufführst. Wenn du in einer Täter-Opfer-Beziehung gelebt hast, bedeutet das zugleich, dass du tief in ihre Energien verwickelt warst. Damit meine ich nicht, dass es deine »Schuld« ist, wenn du in eine toxische Beziehung gerätst. Was dir der Partner oder die Partnerin angetan hat, muss er bzw. sie auch verantworten. Aber vielleicht spürst du ganz hinten im Kopf ein Bedürfnis, dir auch selbst zu verzeihen, dass du dich hast hineinziehen lassen? Du so lange dort verharrst hast? Den anderen so übergriffig hast sein lassen?

Vielleicht hat ja doch keiner von euch beiden Schuld im klassischen Sinne, weil jeder an dem Punkt seines individuellen Lernprozesses ist, wo er eben gerade ist, und auch du mal an einem solchen ähnlichen Punkt warst?

Ich weiß, das sind ziemlich delikate Themen, für die du sicherlich, wenn überhaupt, ein wenig inneren und zeitlichen Abstand von den schlimmsten Erfahrungen einer toxischen Beziehung brauchst. Ich möchte deinen Geist auch nur ein bisschen dafür öffnen, einmal anders über das Erlebte nachzudenken. Und den Beginn eines Vergebungsprozesses zu erleichtern.

Verzeihen heißt dabei übrigens keineswegs, weiter mit irgendjemandem in Kontakt bleiben zu müssen oder eine Versöhnung herbeizuarbeiten. Du kannst versuchen, deinem Ex innerlich zu verzeihen, und hältst trotzdem glasklare Grenzen, sprich: null Kontakt.

Viele Menschen, die zu mir kommen, haben ihre Retter-Themen. Bei dem Prozess des Verzeihens müssen sie besonders auf sich aufpassen, nicht in eine selbstgebaute Falle zu tappen und dem Ex eine neue Chance einzuräumen oder, noch schlimmer, von vorn damit zu beginnen, ihn »heilen« zu können/wollen. Du machst diese Arbeit erst einmal *nur* für dich, und es ist eigentlich nur eine *innere* Arbeit.

Nächster Schritt: Wie kannst du nun damit starten? Ich empfehle dir, ganz einfach zu beginnen: Du nimmst dir dein Tagebuch und schreibst jeden Tag hinein: »Ich verzeihe xy für yz« – wobei xy natürlich auch für dich selbst stehen darf. Taste dich langsam und achtsam heran und spüre in dich hinein, wie es sich anfühlt, diesen Satz aufzuschreiben. Und ob sich das Gefühl allmählich ändert. Wenn du noch nicht den richtigen Zeitpunkt erwischt hast, ist das völlig okay. Verzeihen lässt sich nicht erzwingen und es braucht seine Zeit, die Wut anzuschauen und, ja, auch herauszulassen. Aber bitte nicht gegen dich oder andere Menschen. Hol dir einen Boxsack oder ein Kopfkissen und malträtiere beides, oder geh in den Wald oder setz dich ins Auto und schrei dich da mal so richtig aus. Diese Emotionen müssen unbedingt aus deinem System heraus, du solltest sie keinesfalls übergehen (den Fehler habe ich oft gemacht). Denn diese übergangenen Emotionen sammeln sich auf die eine oder andere Art an dann nur wieder im Körper und kommen bei anderen Gelegenheiten hervor, auf der Arbeit, gegenüber den Kindern oder auf der Autobahn.

Also nochmal ganz kurz und knackig zusammengefasst: Wenn du dich von Hass und Rache fernhältst, vermeidest du, selbst in Täter-Energien zu gehen. Wenn du gleichzeitig eine saubere Distanz hälst, vermeidest du, wieder in die Opferrolle zu schlüpfen. So einfach ist das eigentlich.

Haha. Natürlich ganz und gar nicht, ich weiß. Aber auf die richtige Art zu verzeihen bedeutet, loslassen und kraftvolles Weitergehen. Und das ist für *deine* Seele ungeheuer wichtig und gut.

2.15 Step 1: Abgeben der Kontrolle

So liebe Leserin, lieber Leser, wie können uns diese spirituellen Gedanken nun konkret weiterhelfen? Ein paar Anstöße haben ich ja schon gegeben. Doch nun geht's ans Eingemachte, denn den vielleicht brutalsten Schritt möchte ich in diesem Kapitel gerne vorstellen, weil er eigentlich der Wichtigste ist. Er ist auch der erste, der auf eine ähnliche Weise in allen 12-Schritte-Gruppen (alle »Anonyme ....«-Gruppen) vorkommt. Diese Übung ist sehr einfach und sehr befreiend, aber sie gefällt unserem Ego überhaupt nicht.

Sie beinhaltet, kurz gesagt, dass du nicht mehr versuchst, dein ganzes Leben und wie alles läuft zu kontrollieren. Oder mit anderen Worten: dass du dein Ego mal aus der Rechnung herausnimmst und nicht mehr versuchst zu verstehen, wie ganz genau du von A nach B kommst. Du übergibst die Kontrolle an das Universum, Gott oder welcher Begriff für dich richtig erscheint.

Wie soll das denn gehen, fragst du? Ganz einfach. Du schreibst den Satz auf und fühlst in die Bedeutung hinein: »*Ich möchte die Kontrolle über mein Leben der Fürsorge einer Höheren Macht (Gott, dem Universum, wie ich es verstehe) überlassen.*«

Im selben Moment wird sich sehr wahrscheinlich dein Ego ziemlich laut melden (wenn nicht: Freu dich!). Es wird dir womöglich entgegenhalten, du würdest doch gar nichts kontrollieren wollen, oder wie denn das Universum bitte schön wissen soll, was du willst – und alle erdenkbaren Variationen davon. Ich denke, der spürbare Widerstand gegen diesen Satz liegt in den erfahrenen Traumata, die in unserem eingeprägten System stecken. Wir haben aufgrund fehlender Zuwendung und emotionaler Mangelerlebnisse das Vertrauen in Menschen verloren und trauen, wenn überhaupt, nur noch uns selbst, und selbst das oft nicht mehr, wenn wir zu oft in toxischen Beziehungen verheddert waren – ist ja total verständlich.

Ein solcher Satz meint umgekehrt übrigens nicht, dass du nun völlig hilflos bist. Das gefällt mir auch nicht an den exakten Formulierungen in den 12-Schritte-Gruppen. Du bist keineswegs *hilf*-los – das klingt so nach: Hände in den Schoß, ich kann ja nichts tun. Im Gegenteil: Du kannst beginnen, eine gute Portion Verantwortung für dich zu übernehmen, *indem du dir Hilfe suchst* und unterscheiden lernst: Was sind meine Aufgaben und wie und wo kann ich mir dazu Unterstützung holen?

Aber wenn dein Ego und/oder dein inneres Kind alles regeln sollen, dann kannst du genausogut einem Dreijährigen den Schlüssel zu deinem Bugatti geben. Sprich: Lass dich ins Universum fallen, und indem du das tust, hilfst du dir bereits selbst.

Indem du dich dem Universum öffnest, kommst du erst wieder richtig in deine Kräfte. Um diesen Sachverhalt verständlicher zu machen, erzähle ich dir ein Beispiel: Stell dir vor, du bist am Ertrinken, weil du eine Verletzung im Wasser erlitten hast. Jemand steht am Ufer des reißenden Flusses, in dem du herumstrampelst, und ruft dir zu: Soll ich dir helfen?? Müsstest du dann unbedingt dein Ego rausholen, die Brust vor Stolz schwellen und erwidern: »Nein danke, alles im Griff, ich will mich unbedingt alleine retten«, oder nimmst du einfach die helfende Hand?

Denn das Universum ist diese helfende Hand. Anders ausgedrückt: Da draußen – also bei deinem Nachbarn, in der Beratungsstelle, am Telefon mit einer guten Freundin, auf Youtube – warten geradezu liebevolle Menschen, die dir zuhören, Tipps geben, die dich begleiten, für dich da sind. Aber du musst dem Ganzen schon auch eine Chance geben, sonst funktioniert es nicht. Wie geht das konkret?

2.16 Bitten und Beten

Das mag jetzt in diesem Buch vielleicht eine überraschende Kapitelüberschrift sein. Aber meiner Erfahrung nach ist es dem Universum sehr wohl bewusst, wie extrem aufreibend das Leben hier in 3D-Zeiten sein kann, obwohl wir gleichzeitig auf einem wunderbaren und ganz besonderen Planeten leben. Aber: Keiner ist hier wirklich alleine und ich bin überzeugt, dass wir ganz viel Unterstützung »von oben« (innen, nebenan?) bekommen können.

Meine Überzeugung ist aber, dass andere Ebenen unser »Go« dafür brauchen. Wir haben einen absolut freien Willen, daher dürfen wir uns nicht wundern, dass wir selbst endlos rumprobieren im Leben, wenn wir es partout alleine meistern wollen. Und doch, um es mit einem Bild aus meinem naisgeilen Leben zu beschreiben: Ich kann technisch und konditionsmäßig ein super Kitesurfer sein – wenn der Wind mir nicht in den Kite bläst, bleibe ich im Wasser.

Insofern probiere heute, jetzt gleich, einmal aus, um Unterstützung zu bitten. Ob du das nun beten nennst oder bitten oder Gespräch mit deiner Seele, kannst du selbst entscheiden. Aber lass mal los, dass du alles alleine machen musst. Du kannst ruhig um ganz normale einfache Sachen bitten (zum Beispiel »ich hätte gerne einen interessanten Tag«) und musst auch nicht warten, bis es dir so richtig dreckig geht.

Vielleicht findest du das altmodisch oder religiös, aber lass diese Schubladen in deinem Verstand geschlossen und probiere es einfach aus. Es wird sich nie etwas ändern, wenn du nicht selbst handelst und bittest, wie du mit einem Freund/einer Freundin reden würdest. Und mache dich bereit für Antworten und Hinweise auf verschiedene Weisen (siehe dazu im nächsten Kapitel über Intuition).

2.17 Intuition

In den 3D-Zeiten der letzten Jahrtausende haben wir Menschen immer mehr vergessen, woher wir eigentlich kommen, wo die Quellen für ein gutes Leben plätschern. Wir sind tief hinabgestiegen in die Untiefen der Materie, haben uns abgetrennt von den Kräften, die uns guttun. Man könnte auch sagen, wir haben uns tief hineinbegeben in unsere eigenen niedrigschwingenden Projektionen. Das sollte man erst mal nicht bewerten, den großen Plan verstehen wir vielleicht nicht komplett.

Aufgrund dieser Entwicklung hat nicht nur das Ego, sondern auch der Verstand immer mehr die Führung in unserem Leben übernommen.

Damit will ich keinesweg unseren wunderbaren Verstand schlechtreden, er ist ein fantastisches Werkzeug, um Zusammenhänge zu begreifen und konkrete Pläne umzusetzen. Der Verstand ist aus meiner Sicht aber eben auch nur das: ein *Werkzeug* mit begrenzten Funktionen; und nicht unbedingt ein Erkenntnisinstrument für Höheres, für manche Schwingungen. Wieder im Bild ausgedrückt: Unser Verstand weiß, dass es Wlan und bluetooth gibt, aber größere Zusammenhänge fühlen oder auch nur erahnen, kann er nicht. Ich nehme es so wahr, dass der Verstand oft als ausführendes Organ vom Ego handelt, aber ebenso wie das Ego nicht gerade der hochschwingendste Teil in uns ist. Was übrigens nicht bedeutet, dass wir den Verstand und das Ego nicht auch lieben sollten! Sie gehören zu uns, sind unerlässlich in ihren Funktionen, aber haben eben ihre Grenzen.

Ich betrachte selbst unseren Körper als in der Frequenz höher schwingend. Wie wir es vom berühmten »Bauchgefühl« her kennen, ist unser Körper viel mehr in der Lage, bestimmte Gefahren (auch im Dating-Bereich) zu erspüren, lange bevor der Verstand etwas bewusst registriert. Probleme signalisiert uns übrigens nicht nur das Bauchgefühl, auch psychosomatische Erkrankungen weisen uns auf sie hin. Wir hören nur nicht richtig auf unseren Körper, der ein absolut hoch entwickeltes Instrument ist. Er dient uns hervorragend und reagiert oft gerade in den Situationen, in denen wir die Botschaft sonst schlicht nicht verstehen.

Der Verstand alleine lässt sich von hohen Energien leicht abschneiden, wenn wir ihn nicht entsprechend immer wieder anbinden. Wenn der Verstand nur dem Ego dient, kommt da leicht ziemlicher Mist bei heraus (betrachten wir nur mal all die Raketen und Bomben, die wir dank seiner gebaut haben). Also nochmal: Es gilt, uns fortwährend mit den Quellen unseres Lebens zu verbinden, die uns guttun.

Was ist denn nun das Instrument der neuen Zeit bzw. unseres höheren Selbst? Es ist die Intuition.

Intuition ist die sanfte Stimme unseres höheren Selbst. Woran du sie erkennst, fragst du? Die Stimme ist *leise*, *nie wertend* und auch auf eine gewisse Weise *neutral*. Die Stimme ist nur deshalb leise, weil wir nicht so richtig gewohnt sind, auf sie zu hören. Wenn du das länger übst, kann die Stimme auch deutlicher werden oder sehr klar. Die Intuition hat aber nie dieses »Schreiende« der Angst oder anderer niedrigschwingender Emotionen (wie zum Beispiel der Liebessucht).

Die Intuition folgt nicht den Wegen des Verstandes, da sie unsere »Matrix« viel besser durchschaut. Sie kennt den kürzesten Weg zu einem festgelegten Ziel. Wenn wir vom Kurs abgekommen sind, spricht unsere Intuition wie das neutrale Navi in unserem Auto. Es sagt an bestimmten Punkten unseres Alltags »bitte umkehren« und berechnet netterweise die passende Route stets neu. Ist doch großartig, oder?

Ich muss immer wieder an die Geschichte einer Frau denken, deren Intuition ihr sagte, sie solle in eine andere Stadt umziehen. Sie wartete noch ab, aber das starke Gefühl blieb. Also zog sie in diese Stadt ... und es klappte gar nichts, alle möglichen Probleme türmten sich auf. Schließlich entschloss sie sich frustriert, wieder in die alte Stadt zurückzuziehen ... und fand eine absolute Traumwohnung und einen ebensolchen Job. Jetzt verstand sie plötzlich ihre Intuition: Nie wäre es ihr in den Sinn gekommen, in der gleichen Stadt nach Haus und Arbeit zu suchen, das wäre ihr zu mühsam erschienen und zu unsinnig.

Sicherlich fallen dir jetzt viele Dinge ein, bei denen deine Intuition für dich gewirkt hat (wenn du magst, setzt mal eine Liste dazu auf). Ich erinnere mich beispielsweise beim Schreiben dieses Kapitels an gestern: Ich hatte im Einkaufszentrum mein Parkticket verloren. Der Tag war eh schon blöd gelaufen, und ich war so richtig frustriert. Innerlich schickte ich einen genervten Kommentar ans Universum im Sinne von: »Ist das euer Ernst? Das jetzt auch noch?« Trotzdem suchte ich weiter und ging ganz versunken zum Center-Management, um meinen Verlust zu melden. Genau in dem Moment, an dem ich vorsprach, kam eine Frau herein und drückte mir mit einem verschmitzten Blick mein verlorenes Ticket in die Hand. Was für eine Lektion ☺.

Wie lässt du denn nun die Intuition für dich wirken? Ganz einfach, du gibst die Kontrolle an das Universum / höhere Selbst / Gott / deine Lebens-Quelle ab und folgst rigoros den kleinen Eingebungen deiner inneren Stimme und Intuition. Auch wenn sie dir im ersten Moment sinnlos erscheinen. Wie zum Beispiel: »Geh heute in den Edeka anstatt in den Rewe.« Du machst es und hast vielleicht eine tolle Begegnung. Probier es einen Monat lang aus! Konsequent, immer wieder. Und wenn du es mal vergisst? – nicht schlimm, mach einfach da weiter! Du wirst die unglaubliche Entdeckung machen, dass du alles, was du wirklich brauchst, in dir hast!

Du musst es allerdings wirklich üben. Wir sind so sehr an die Steuerung durch das Ego und den Verstand gewöhnt, die dir vermutlich gewaltig reinfunken werden, wenn du mal »nur« auf die Intuition hörst. Verstand und Ego hören übrigens gerne auf andere Stimmen, weil das Ego ja so viel Anerkennung braucht. Wenn du auf andere hörst, ist das natürlich keineswegs falsch. Sie können dich beraten, im Gespräch mit ihnen kann sich für dich Klarheit einstellen. Aber danach soll die Intuition sprechen, nur dann findest du wirklich innovative, disruptive neue Wege.

Fange ruhig mit einfachen Dingen an. Was fühlt sich richtig an zu essen? Wo sollte ich heute einkaufen? Sollte ich heute Sport machen? Einen guten Text lesen? Musik? Eine Pause einlegen? Wenn du merkst, dass das gut funktioniert, wirst du dich automatisch auch an größere Entscheidungen wagen.

Der Kopf ist, gerade bei schwierigen Entscheidungen, natürlich keineswegs sinnlos. Am besten nutzt man all seine Institutionen zusammen, ein bisschen Bauchgefühl, ein wenig klarer Verstand. Wenn die (vermeintliche) innere Stimme sagt: »Kauf den Porsche«, der Kopf aber dazwischengrätscht: »Sorry, das geht nun finanziell echt nicht«, dann ist das natürlich fein und wichtig. Dennoch: Leg den Fokus mal viel mehr auf die Intuition! Sie wurde so lange nicht richtig wertgeschätzt.

2.18 Suchen versus finden

Wenn wir schon beim Thema Intuition sind, dann muss in unserem Kontext auch gleich das Thema »Wie finde ich den/die Richtige(n) für die nächste Beziehung« folgen. Tatsächlich solltest du deiner Intuition und nicht deiner Bedürftigkeit trauen. Zu intensiv zu »suchen«, ist nicht immer förderlich, das hat manchmal die Energie des Mangels und des »Nicht-Findens« – und stößt ab.

Viele meiner Nutzer haben keine schönen Erfahrungen mit Dating-Börsen gemacht. Deshalb ist meine Erfahrung inzwischen: Geh wieder mehr raus in Kneipen, Sportvereine etc. Aber das ist zum jetzigen Zeitpunkt Corona-bedingt kaum möglich. Da kann online-Dating grundsätzlich eine Option sein.

Trotzdem: Bitte vernachlässige die Offline-Welt nicht! Quatsch mit Menschen, sei offen, mache Smalltalk, lächle, schau Menschen in die Augen. Sag dem Universum möglichst genau, was du dir wünschst, und lass Magie durch deine Intuition entstehen. Lass dich von der Intuition leiten, egal ob du online oder offline unterwegs bist. Mach dein Leben immer naisgeiler, sodass du zwar offen und neugierig bist, aber nicht verzweifelt nach der Nadel im Heuhaufen suchst.

Sei bitte bitte offen für Neues! Deine nächste gesunde, sichere Beziehung wird ganz anders aussehen als das, was du bisher verfolgt hast. Sortier nicht gleich alles aus, was *keine* toxische Ausstrahlung hat ☺ und einfach nur nett ist.

2.19 Herz-Intelligenz

Der Weg in die neue Zeit, der Weg in dein Gestalter-Sein deines Lebens, vor allem auch deiner Beziehungen, führt über das Herz und nicht mehr über den Verstand.

Ich hoffe, ich konnte ein wenig verdeutlichen, welche anderen Instanzen in uns schlummern, die wahrhaft intelligent agieren. Die Wegweiser dazu sind deine Liebes- und Wohlgefühle und deine Intuition. Und ich wiederhole mich gern, falls dein Ego erneut einwendet: »Aber ich habe meinen toxischen Ex doch über alles geliebt«: All das macht nur Sinn, wenn du vor allem dir selbst gegenüber mit Liebe handelst. In toxischen Beziehungen zu leben ist aus meiner Sicht das Gegenteil von Selbstliebe.

Zurück zum Kapitelthema: Was ist denn nun diese *Herz-Intelligenz*? Intuition erweist sich als der eine Wegweiser, ihr zur Seite steht das Herz. Herzvoll und liebevoll an Beziehungs-Aufgaben herangehen, darum geht es. Und um das tun zu können, brauchst du Empathie dem anderen gegenüber. Nun musst du dich damit nicht quälen, wenn du dich mal nicht in den Partner oder die Freundin einfühlen kannst. Dann ist das halt gerade so. Trotzdem hat jeder auf der Welt seine ganz eigenen Gründe, warum er so handelt. Bei toxischem Verhalten hängen sie häufig mit früheren psychischen Verletzungen zusammen.

Ein gutes Beispiel hierfür ist, wie Eltern auf ihre Kinder schauen. Kinder sind nun beileibe nicht immer friedlich und auch keineswegs immer emphatisch. Sie machen, ob als Kind oder als Jugendlicher, ab und zu Quatsch, weil sie es nicht besser wissen bzw. bewusst oder unbewusst provozieren. Lässt man das einfach durchgehen als Eltern? Hoffentlich nicht! Natürlich brauchen sie Grenzen, klare Ansagen und auch Konsequenzen. Liebt man sie deswegen weniger? Nein.

Genauso kannst du auf schwierige Menschen in deiner (Liebes-)Biografie zurückschauen. Du kannst sie gerne »aus der Ferne«, wenn man so will, abstrakt lieben, aber musst ihnen dennoch klare Grenzen setzen und darfst auch nie wieder mit ihnen zu tun haben wollen. Ich persönlich hätte keine Lust, wieder Kontakt mit jemandem aufzubauen, der sich aus meiner Sicht erst mal für 187 Dinge entschuldigen müsste, um wieder eine neue Basis zu schaffen. Aber dennoch sollte man seinen Frieden damit machen und nach vorne schauen.

Genauso kannst du mit Herz-Intelligenz auf die ganze Welt schauen. Das meint nichts Überhebliches. Manche sind vielleicht noch im toxischen Morast, andere nicht, manche beachten dich, andere nicht, manche sind womöglich viel weiter als du. Und du schaust voller Liebe auf deinen ganz eigenen Weg, auch wenn du ihn zeitweise ein paar Meter gefühlt ohne Begleitung gehen musst. Verrückterweise bringst du gerade damit richtig Schwung in die Sache, und alles beginnt zu fließen.

Natürlich darfst du diese Herzlichkeit auch dir selbst gegenüber haben. Das ist sogar das Erste und Allerwichtigste. Sei nicht so streng mit dir, bitte! Und nicht zu ungeduldig! Jeden Tag gibst du dein Bestes, manchmal hat man einfach blöde Zeiten. Aber wie das Sprichwort schon sagt: »Weißt du, wie man einen Elefanten verspeist? – Bissen um Bissen.«

2.20 Der Beauty-Contest der neuen Zeit oder wie mache ich es meiner Seele recht

Unsere mediale Welt wird stetig mehr von Influencern, beispielsweise auf Instagram, beeinflusst, die gefilterte Fotos hochladen und eine Scheinwelt propagieren. Alles wird glattgebügelt, sodass es möglichst dem Mainstream entspricht und so viele likes wie möglich generiert. Auch das soll keine Bewertung sein.

Aber ich denke, in der neuen Zeit, die so langsam anklopft, werden sich Prioritäten nochmals verschieben: Nicht mehr der Mensch, der den glattesten oder perfektesten Eindruck macht, wird gut ankommen, sondern derjenige, der am authentischsten daherkommt. Darauf können wir uns schon mal freuen.

Im Vorgriff darauf versuche bitte nicht mehr, es allen recht zu machen – übrigens ein typischer Aspekt aller Co-Abhängigen und Plus-Pole. Geh deinen ganz eigenen Weg, den vielleicht noch niemand gegangen ist, und genieße ihn! Mache dich zunehmend freier von Bewertungen und Zustimmung (z.B. in Form von like-Zahlen)! Vertraue mehr darauf, dass Menschen dich auch mit Ecken und Kanten mögen! Probier es einfach mal aus.

Je mehr du den Fluss der Liebe in dir spürst, umso mehr wirst du merken, dass wir alle aus dem gleichen Holz geschnitzt sind. Je mehr du wahrnimmst, dass du eine große Seele bist, desto mehr findest du zu Ruhe und Ausgeglichenheit in dir selbst, jedenfalls so nach und nach. Die »Abhängigkeit« von anderen Menschen nimmt allmählich ab, und du wunderst dich, wie sehr du dich selbst genießen kannst.

Deine eigene Seele ist ein unerschöpfliches Land, in das du tiefer und tiefer Entdeckungsreisen unternehmen kannst. Dieses ganze Spiel um Anerkennung da draußen kommt einem dann immer seltsamer vor. Es ist aber ein Weg, vielleicht ein lebenslanger, ich bin da auch noch mitten drauf.

Sich *genug Zeit* für dein Inneres zu nehmen, hilft ungemein. Gerade wenn du dich noch nie als so wichtig angesehen hast, solltest du diesen Aufgaben höchste Priorität einräumen: Jetzt geht es endlich mal um dich!

Irgendeine Art von Meditation oder Innenschau wirkt wirklich unterstützend. Aber bitte finde deine eigene Variante! Ich hab mich, ehrlich gesagt, etwas mit klassischer Sitz-Meditation vor einer weißen Wand herumgequält. Daran ist nichts falsch, und für jemand anderen mag es genau das Passende sein. Mein Ding war es einfach nicht, musste ich irgendwann akzeptieren. So meditiere ich meist im Liegen und dann, wenn ich nachts wach bin – eine ideale Zeit für mich. Und versuche dann, es einfach zu genießen. Seitdem ich diese Art gefunden habe, freue ich mich richtig drauf und entdecke ständig mehr in mir. Ganz ehrlich: Das hätte ich früher echt nicht für möglich gehalten. Vertraue bitte deinem Gefühl, was dir guttut und was nicht. Es gibt heutzutage nicht mehr die eine Art, die zum Ziel führt (und gab es vermutlich noch nie). Nutze die vielen Möglichkeiten! Und hör bei der Auswahl wieder auf deine innere Stimme.

Vielleicht ist deine Umwelt in diesem Moment noch nicht so weit und reagiert stirnrunzelnd. Aber ich kann dir versichern, je cooler und satter du innerlich wirst, umso leichter machst du es dir im Alltag. Die Menschen aus deinen alten Zeiten können vielleicht nicht mehr so viel mit dir anfangen, aber neue Menschen dafür umso mehr – und die werden sich einstellen. Und wenn nicht, auch (relativ) egal: Dann genießt du halt dein naisgeiles Leben.

2.21 Du wirst unermesslich geliebt

Je mehr du dich einfindest auf deinem ganz eigenen lichtvollen Weg, wirst du verstehen, dass alles eins ist. Der Weg ist das Ziel, das Licht war immer schon da, und du lernst ganz behutsam auch das Dunkle deines Weges zu umarmen. Es klingt verrückt: Wir suchen so viel nach Liebe im Außen (und das ist auch so menschlich), dabei war sie immer schon da, direkt vor unseren Augen: Wir sind aus Liebe gemacht. Wenn du diese Tür auch nur einen Spalt breit öffnest, wirst du bestimmt für einen kleinen Moment erspähen, dass das Universum dich so sehr liebt. Segne jeden Tag, jeden einzelnen Tag auf deinem Weg, auch mit all seinen Herausforderungen. Es gibt keinen Sinn im Leben außer das Leben selbst. Genieße deine Körperlichkeit, deine Sinnlichkeit. Sie ist etwas ganz Besonderes.

Stell dir einmal vor, du bist jugendlich, abenteuerlustig und fit. Du kaufst dir ein neues Mountain-Bike und willst es sofort ausprobieren. Würdest du damit 5km auf dem gut ausgebauten Fahrradweg fahren? Oder würdest du dir nicht lieber eine challenge suchen und rauf und runter durch den Bergwald donnern? Na? Ich denke Letzteres, oder? Jetzt sagst du vielleicht: Ich bin aber nicht so ein abenteuerlicher Typ. Glaub mir, wenn du hier auf der Erde bist, bist du definitiv der abenteuerlichste Typ, den ich kenne – du hast es nur vergessen und es tief in dir versteckt.

Energien um dich herum

Du kannst und darfst darauf vertrauen, dass du ein ganz eigenes Team hast, das dich durch dein Leben begleitet, dich mit vollen Kräften unterstützt. Lass es zu, dass dir geholfen wird. Schau dir die Fußball-Profis an: Sie ackern bis zum Muskelkrampf, sind extreme Leistungsmaschinen – und würden doch ohne ihr ganzes Team an Coaches, Physiotherapeuten und Analysten kein einziges Spiel gewinnen, schon gar nicht ohne Mitspieler.

Die Schleier des Widerstandes werden dünner, und du kannst peu à peu diese Unterstützung deutlicher fühlen. Lass dir auch hier Zeit. Wenn man zum Beispiel einen unterkühlten Körper behandelt, darf man ihn nur sehr langsam erwärmen. Lass auch dich langsam wieder erwärmen, in deinem ureigenen Tempo. Dann darfst du deine ganz persönlichen Wunder erwarten! Ich habe solche Unterstützung schon oft erfahren, gebe aber zu, dass ich weiterhin daran arbeite. Natürlich erlebe ich auch Tage, an denen ich an meinen Wahrnehmungen zweifle. Dennoch fühle ich sie inzwischen intensiver, und dieser Pfad macht echt richtig Spaß.

Echtes Mitgefühl

Wenn du auf deinem Weg zu mehr Selbst-Achtung im Laufe der Zeit in dir spürst, dass du vom Leben oder Universum oder von Gott geliebt bist, kannst du allmählich in deine ganz eigene Fülle kommen, zumindest momentweise. Frage: In solchen Augenblicken, in denen du überfließt vor Spaß und Freude, könntest du da deine Ex-Partner hassen? Die Antwort ist leicht: Nein! Es interessiert dich gar nicht. Du schaust nach vorne und wünscht ihnen, dass es ihnen gutgehen möge. Du willst sie nicht sehen, aber du wünscht ihnen garantiert nicht die Pest an den Hals. Stattdessen hast du Mitgefühl für ihren Weg, obwohl er vielleicht gerade nicht der hellste ist – eine versöhnliche Haltung.

Dieses Mitgefühl ist dann echt. Es lässt sich nicht mit diesem bedürftigen, co-abhängigen Mitgefühl verwechseln, das im Prinzip auch in Ordnung ist, aber einen doch immer wieder in den toxischen Kontakt zieht bzw. Gegenleistungen fordert: Ich kümmere mich um dich, damit du mir Liebe gibst.

2.22 Den Täter ausblenden?

Jetzt kommt eine »spirituelle« Übung, die mich persönlich intensiv weitergebracht hat und enorme Kräfte freisetzt. Sie ist das Gegenteil zur »Opfer-Haltung« und ein ganz wichtiger Baustein in deinem Fortschritt zum Gestalter von Beziehungen, weil du dabei die volle Verantwortung für dein Leben übernimmst.

Die Übung ist folgende: Du blendest den Täter in deinem Beziehungserleben komplett aus und schaust *nur* auf dich, was diese Begegnung dir sagen wollte und aktuell will.

Es bedeutet, nicht mehr zu überlegen, ob deine Partnerin oder dein Ex ein Narzisst oder Psychopath war. Gleichzeitig versuchst du nicht mehr darauf zu schauen, welche red flags du erlebt hast. Du schaust *nur* auf dich:

- Welche inneren Wunden haben dich in diese Beziehung gebracht?
- Welche Wunden wollen hier liebend angeschaut werden?
- Welche »Naivität«, welches Gutmenschentum, welche Retter-Komplexe wollen vielleicht nochmal endgültig verabschiedet werden?
- Du fragst nicht mehr: »Warum passiert mir das alles???«, weil du das inzwischen weißt: Es galt scheinbar, noch 3D-Energien umzuwandeln, die dich von deinem eigenen Aufstieg / deiner Erleuch-

tung weiter abhielten. Wenn du auf diese Fragen gar nichts findest und denkst, »es war dein Seelenpartner«, dann ziehe meinetwegen den Schluss daraus, dass ihr gemeinsames »Karma verbrannt« habt.

Stell dir deinen Ex als jemanden vor, den du auf einer höheren Seelenebene geradezu in dein Leben eingeladen hast, um endlich und nachhaltig entscheidende Schritte für dich zu gehen und endlich und nachhaltig zu deinem vollen Potenzial zu erwachen.

Schau dir wie in einem Kinofilm an (also mit einer gewissen Distanz), was in und durch die Beziehung passiert ist, und nimm es in Liebe an. Das kann dich so viel stärker machen! Es ist so wichtig, die Opfer-Rolle abzulegen, um längerfristig und sicher in gesündere Beziehungsgefilde zu gelangen. Wenn du diese Übung wirklich durchführen kannst, dann hast du hierzu einen Riesen-Schritt getan.

2.23 Die Angst-Wolke / kollektive Themen

Dieses Thema ist für viele Menschen in der Corona-Krise zum ersten Mal so richtig sichtbar geworden. Man kann, glaube ich, ohne Übertreibung sagen, dass es zwei Pandemien gibt oder gab, die Virus-Pandemie und die Angst-Pandemie.

Selbst wer kein Verschwörungstheoretiker ist, wird vielleicht festgestellt haben, dass viele Medien ihre Nachrichten deutlich beunruhigend aufgezogen haben. Schlagzeilen machen sich eben gut. Dazu kommt, dass frühere Pandemien als kollektive Erinnerung förmlich in unserem Wesen eingespeichert sind, all jene Seuchen und Pest-Zeiten, die es bisher auf diesem Planeten gab. Wie auch immer man zu diesem Thema steht, offensichtlich hat es extrem viele Ängste aufgewühlt. Unsere festgefügte Meinung, als Mensch weitgehend alles im Griff zu haben, wurde einfach davongespült. (Übrigens haben die Ereignisse auch bei den Corona-Zweiflern massiv Ängste aufgewühlt, in diesem Fall aber vor zu viel Kontrolle.)

Inhaltlich kann und will ich auf das Für und Wider gar nicht eingehen, ich bin weder Virologe noch Politiker, aber man kann sicherlich sagen, dass eine regelrechte Angst-Wolke über dem Land lag bzw. bei Drucklegung des Buches sogar noch liegt. Nicht nur Angst übrigens, auch Depressionen und Wut haben sich sehr hervorgewagt.

Da wir alle ein Kollektiv bilden, sind wir auch alle energetisch miteinander verbunden. Insofern war es, so meine Erfahrung, regelrecht fühlbar, wie diese niedrigschwingende Decke über allem lag. Ich fand, dass es manchmal sehr schwer war (– und ich glaube, das geht eigentlich allen so –) herauszufinden, ob das gerade meine Emotion ist oder die des Kollektivs. Solche gemeinschaftlichen Emotionen sind auf eine Art sicherlich genauso ansteckend wie das Virus.

Wenn du diese Sichtweise für dich angenommen hast, kannst du dich einmal fragen, ob das nicht womöglich ein generelles Thema ist. Ob nicht permanent niedrigschwingende Wolken über uns liegen. Dabei geht es um Angst, Wut, Verzweiflung, aber auch um Dinge wie Sucht, Gier, Rache, Gewalt. Wie gesagt, die Niedrigschwelligkeit stellt keine grundsätzliche Bewertung dar. Die Frage ist nur, ob wir immer weiter in diesen Energien spielen wollen, oder ob es nicht Zeit ist, mal ein paar Gänge »höher« zu schalten. Viele Menschen wollen, glaube ich, noch in diesem Täter-Opfer-Denken bleiben (weil es so schön vertraut ist), aber wie sieht es mit dir aus, liebe(r) Leser(in)? Wenn du auch das Gefühl hast, das reicht jetzt langsam mal, gilt es, sich mehr und mehr gegen solche Wolken abzuschotten und sein eigenes Licht zu finden und leuchten zu lassen. Ich weiß, wir leben in keiner leichten Gegenwart, um das anzugehen. Aber, wie heißt es so schön: Wenn nicht jetzt, wann dann?

Selbstverständlich geht es mir zunächst um dein Vorwärtskommen – speziell in Sachen Beziehung. Aber indem du dich entwickelst und mit dir bestimmt noch viele andere Menschen, wird sich natürlich auch das wieder ins Kollektiv ergießen. Wer weiß, vielleicht ändert sich dann ja auch irgendwann das Kollektiv, weil im Moment immer mehr Menschen »aufwachen«.

Ich gebe zu: Im Moment ist es noch ziemlich schwierig, wirklich hohe Energien zu erreichen. Wenn dir das gelingt, z.B. während einer Meditation, wirst du gewiss merken, wie schön und geborgen sich das anfühlt. Aber auch wie ungewohnt das sein kann und auch wie fordernd. Es stellt sich eine dieser Paradoxien ein, dass sich alte Emotionen oder Blockaden nochmal zeigen, wenn wir ihnen entschwinden wollen. Die alten Energien möchten dich nicht so gerne gehen lassen. Übe es deshalb eifrig und nimm dir dafür ausreichend Zeit. Dann bist du irgendwann kein Match mehr für Negativität.

2.24 Manifestation im Großen und im Kleinen

Können wir wirklich Dinge in unsere Realität hineinziehen wie ein Magnet? Unbewusst – durch eine Art unterschwellige Ausstrahlung? Offenbar haben wir eine gewisse Macht und Wahlfreiheit, auch wenn immer wieder suggeriert wird, wir hätten diese nicht.

Ein Beispiel: Wenn du ein Kaugummi haben willst, kannst du in einen Laden gehen und es dir kaufen. Wenn man so will, hast du damit dieses Kaugummi *manifestiert*. Wenn er dir schmeckt, möchtest du logischerweise mehr. Doch mit Manifestationen ist oft etwas anderes gemeint. Es geht vor allem um die Dinge, die du (bisher) *nicht* haben konntest.

Bevor du diese Dinge als spirituellen Quark ausspuckst, solltest du erst einmal sehen, dass diese Themen auch in der normalen Psychologie beheimatet ist. Es gibt dazu tonnenweise psychologische Herangehensweisen, ich möchte in unserem Zusammenhang nur ein Forschungsergebnis nennen:

Man hat Kinder in der Grundschule in zwei Gruppen geteilt. Bei der einen Hälfte der Schüler erhielten die Lehrer die Botschaft, dass diese nicht zu den Besten ihrer Zunft zählten, die andere Gruppe bekam die entsprechend gegenteilige Auskunft. Beide hatten aber de facto den gleichen Durchschnitts-IQ. Am Ende des Schuljahres wurde der IQ erneut gemessen und tatsächlich: Bei den Kindern mit den negativen Botschaften hatte sich der IQ verschlechtert, bei der anderen Gruppe war genau das Gegenteil eingetreten.

Wie man sieht, hat die Erwartungshaltung der Lehrer einen ganz konkreten Effekt bei den Schülern (man nennt das den »Pygmalion-Effekt«).

Diese Effekte entdeckt man inzwischen überall, in der Psychologie, aber genauso in der Medizin. Wenn ein neues Medikament auf den Markt kommt, muss es zuerst seine Wirksamkeit beweisen. Es ist oft relativ leicht, die Wirksamkeit einer Pille gegen die Option »gar kein Medikament« zu testen. Richtig schwierig wird es erst, wenn gegen ein wirkungsloses (oft Zucker) Scheinmedikament, ein sogenanntes Placebo, getestet wird. Diese Hürde ist richtig schwer zu nehmen. In manchen Untersuchungen helfen Schmerzmittel nur zu 27 % besser als ein Placebo ... und in neuesten Tests in den USA ist dieses Wirkungsplus sogar auf 9 % geschrumpft.

Ich möchte hier niemanden antriggern, aber auch die Homöopathie ist so ein Feld. Eine Wirkung konnte in wissenschaftlichen Studien bisher kaum nachgewiesen werden. Dennoch helfen die Substanzen vielen Menschen. Ist es das? Ein Grund könnte der Placebo-Effekt sein. Witzigerweise nützen Placebos sogar, wenn man weiß, dass es ein Placebo ist (dann aber nicht so stark). Die Placebo-Wirkung wird einfach so hingenommen, aber sie ist ein unglaublicher Hinweis auf unsere Selbstheilungskräfte.

Wie auch immer man diese Ergebnisse deutet, es gibt wohl keinen Zweifel daran, dass unsere Erwartungshaltungen einen enormen Einfluss auf uns und unser Handeln haben. Auch der Sport nutzt diese Tatsache mit Hilfe diverser Techniken, z.B. indem die Athleten sich intensiv vorstellen, wie sie einen Lauf gewinnen, wie sie sich dabei fühlen und so weiter.

Die Vorstellung, wie man durch bestimmte mentale Haltungen bestimmte Ereignisse ins eigene Leben zieht, erscheint manchem vielleicht etwas esoterisch. Aber ein Psychologe würde sagen, durch bestimmte

Haltungen kommst du in bestimmte Emotionen, dadurch strahlst du bestimmte Signale aus, die dann wiederum andere Menschen zu anderen Handlungen animieren.

Ich empfehle diese Übung mit mentalen Haltungen auszuprobieren (mehr dazu und weitere Übungen findest du in meinen Kursen »Spiritualität und Naisgeiles Leben« sowie »30-Tage-Manifestations-Challenge auf WWW.LIEBESCHIP.DE). Wie funktioniert also dieses ominöse »Manifestieren«?

Ich habe es so gelernt, dass alles starke Manifestieren aus dem Gefühl kommt. Du stellst dir ein bestimmtes »best case scenario« vor, und genießt die Gefühle, die damit einhergehen. Zum Beispiel das Gefühl, einen Menschen als tollen Partner im echten Leben kennenzulernen. Wie fühlt sich das an? Wo triffst du ihn? Welche Schritte unternimmst du zum Kennenlernen und danach? Das Entscheidende dabei sind die sich einstellenden Gefühle, es ist wie »Schwanger-Sein« mit einem Ereignis. Wenn jemand ein Baby bekommt, ist es ja auch noch nicht da, aber man freut sich schon drauf. Der Vergleich hinkt natürlich, aber im Prinzip handelt es sich um eine ähnliche Einstellung. Mit einer solchen Einstellung hebst du im spirituellen Sinn deine Frequenz auf die Frequenz dessen, was du manifestieren willst (bzw. findest die richtige Frequenz).

Ein Beispiel: Als ich das letzte Mal Single war (noch vor Corona), wollte ich abends ausgehen. Da ich dazu tendiere, etwas introvertiert zu sein, kostet es mich schon etwas Überwindung, loszuziehen. Ich wollte eine Art lokale Ü-30-Party ansteuern, die ich schon öfters besucht habe, bisher meist nicht übermäßig ereignisreich. Ich plante also hinzugehen, hatte aber nicht so richtig Lust. Darum sagte ich mir: Probier es doch mal mit »Manifestieren«. Ich stellte mir (über Tage hinweg) intensiv vor, wie dieser Abend total cool würde, ich mit diversen Leuten in Kontakt käme, und es ganz anders liefe als sonst. Dann ging ich hin, und es war – total langweilig. Mir ging durch den Kopf: Oh Mann, das war wohl nichts, und wollte schon wieder gehen. Aber eine innere Stimme sagte mir (kein Witz): Warte noch 15 Minuten.

Das machte ich, und genau nach dieser Zeit sprach mich eine alte Bekannte an. Gut, dachte ich, aber wo ist denn jetzt das Neue? Noch während sie mit mir redete, wurde ich das zweite Mal angesprochen, und dann über den Abend noch ... fünf weitere Male. Ich war schwer beeindruckt. Meine Partnerin habe ich übrigens auf die gleiche Weise kennengelernt.

Es ist übrigens viel leichter, das Manifestieren bei Gelegenheiten auszuprobieren, die dir nicht so wichtig sind. Warum ist es bei »großen« Dingen schwieriger? Weil wir da viel mehr Angst haben. Und je mehr Angst wir haben, desto weniger können wir in so eine hohe Stimmung kommen. Angst ist der Gegenprozess zur bewussten Manifestation. Angst macht uns klein, Angst bewirkt, dass wir nicht an uns glauben.

Wenn du versuchst, aus Angst und Mangelerfahrungen deine Zukunft zu gestalten, manifestierst du diese Gefühle, strahlst sie, für andere wahrnehmbar, aus.

Das Universum weiß ja, was du willst, und deswegen darfst du auch in eine Haltung des Empfangens übergehen. Dabei ist der Vertrauen in das größere Ganze extrem wichtig: Je mehr ich mich entspanne und mir im besten Falle schon sicher bin, dass sowieso alles so ähnlich kommt, wie ich es mir wünsche, und auch keinen festen Zeitrahmen dafür festlege, umso besser wird es.

Nehmen wir mal ein ganz banales Beispiel, das vielleicht viele kennen. Ich möchte ein Baby in den Schlaf bringen und habe nicht viel Zeit, weil ich abends noch etwas erledigen muss. Wenn ich bei dem Kind sitze und denke: »Du musst jetzt einschlafen! Los! Ich habe keine Zeit!«, was wird sehr wahrscheinlich passieren? Das Baby bleibt hellwach. Wenn ich mich aber völlig entspanne und mir sage: Ach, ich habe alle Zeit der Welt, es kann ruhig ewig dauern und ist doch alles gut ..., dann wird das Baby in kürzester Zeit in den Tiefschlaf fallen.

Auf der anderen Seite ist die Arbeit daran, in eine gute Stimmung zu kommen, ja sowieso schon mal eine lohnende Investition! Daher ist es fast schon egal, was wir dabei manifestieren.

Manifestieren im Herzen versus im Ego

Das ist ein recht schwieriges Thema. Manifestationen aus dem Herzen entfalten eine enorme Kraft. Aber der Unterschied zu den bisher genannten Manifestationen ist nicht so leicht herauszufinden. Lass uns dazu ein paar krasse Beispiele anschauen, um die feine Differenzierung besser zu verstehen:

Ego	Herz
Ich möchte die aktuelle Miss World daten.	Ich möchte eine liebevolle Partnerschaft leben mit jemandem, der richtig gut zu mir passt.
Ich möchte Milliardär werden.	Ich möchte finanzielle Unabhängigkeit haben.
Ich möchte einen Konflikt gegen Xy gewinnen.	Ich möchte mit meinem Umfeld in Frieden leben.

Je mehr du in einem wahrgenommenen Mangel lebst (dir fehlt ein Partner, Geld, Frieden), desto eher wirst du Ego-Ziele haben, verbunden mit dem bekannten Problem, dass das Ego nie richtig satt wird und immer etwas Neues, Größeres haben will (Miss World statt eine Partnerin von nebenan). Am besten manifestiere ich, wenn ich selbst in einer sehr hohen Schwingung bin, also vor Glück quasi überfließe und die ganze Welt umarmen will. Dann nähern sich meine Wünsche auch immer mehr dem an, was gut für das ganze Kollektiv ist, so meine Erfahrung.

Mach dir aber nicht zu viele Gedanken um diesen letzten Punkt (er stellt sich irgendwann mehr oder weniger von selbst ein), wäre mein Rat, sonst kommst du schnell wieder in das Fahrwasser alter Glaubenssätze, dass es dir nicht wirklich gutgehen darf, du immer zuerst an andere denken solltest und überhaupt, jede Handlung zunächst moralisch, sozial und umweltverträglich abgeklopft werden muss.

Darf es mir besser gehen als zum Beispiel meinen Eltern oder Freunden?

Wenn du deine Schwingung, deine Laune, dein naisgeiles Leben Stück für Stück besser ausbaust und mehr Erfolge erzielst, wirst du oft Neid im Außen antreffen, weil du nicht mehr mit der bisherigen Gruppe resonierst. Aber selbst wenn das nicht der Fall sein sollte, kannst du und wirst du mit deinen eigenen Limitierungen in Kontakt kommen. Ein super spannender Punkt ist erreicht, wenn du deine Eltern oder Freunde in irgendeiner gravierenden Weise überrundest. Das kann emotional sein, indem du schlicht glücklicher lebst als sie, oder auch ganz praktisch, zum Beispiel wenn du mehr Geld verdienst als sie. Eigentlich könnte sich ja alles ganz prima entwickeln, weil deine Eltern ja (hoffentlich) wollen, dass es dir gutgeht. Nun, du wirst es merken, ob sie besonders an dir herumzerren oder dich von Neuem runterziehen wollen. Viele Eltern bekommen das tatsächlich ganz gut hin.

Aber: Bekommst du es auch hin? Oder denkst du dann Sachen wie »es steht mir nicht zu, mehr zu haben als meine Eltern« oder »ich bin es nicht wert, so erfolgreich zu sein«. Dann spätestens sollten die Alarmglocken schrillen, denn du verfällst in alte Muster, dich selbst nicht wertzuschätzen. Ich vermute, es ist auch deshalb so schwierig, seine soziodemografische Gruppe zu verlasen, weil diese Glaubenssätze dich so sehr darin festhalten. Darüber hinaus sind solche inneren Sätze häufig tief in unsere Psyche eingearbeitet und dort nicht leicht zu finden. Es kann also durchaus passieren, dass du dich selbst sabotierst, weil dir die zugrundeliegende Wertung noch nicht aufgefallen ist!

Woran könntest du das merken? Nehmen wir wieder ein heftiges Beispiel: Erfreulicherweise hast du einen tollen Job gefunden mit einem ebenso tollen Gehalt. Die Geldsorgen deiner Eltern kennst du nun nicht mehr. Aber legst du die Knete jetzt gut an, investierst in ein schönes Zuhause oder in Ziele, die dir echt wichtig sind, wie du es dir schon so lange vorgenommen hast? Nein! Stattdessen könntest du das Geld, das du mehr zur Verfügung hast, quasi zum Fenster rausschmeißen, für sinnlose Dinge ausgeben oder durch einen unbewussten »Fehler« sogar verlieren. Auch das ist Manifestation, aber im Negativen. Deine noch unbewussten Muster lenken dich zum unüberlegten Handeln.

Du meinst, so etwas gibt es nicht? Hmm, was glaubst du, wie viele Menschen quälende Schuldgefühle haben, weil sie als einzige einen Unfall überlebt haben. Aufgrund des Leides und Todes der anderen hast du kein Recht mehr dazu, fröhlich zu sein, du sollst riesige Dankbarkeit empfinden, aber deren Größe wird zur Last. Oder dich plagen Gedanken darüber, dass du für dein Überleben bezahlen musst, etwa durch besondere Leistungen. Also, wenn du wirklich Grenzen sprengen willst, wirst du deine inneren Glaubenssätze irgendwann überprüfen und anpassen müssen. (Natürlich ist es nicht verboten, deinen Eltern etwas abzugeben ☺.) Aber das alleine würde die Dynamik nie lösen, und eventuell könnten sie es auch gar nicht annehmen.

Noch ein wichtiger Hinweis zum Thema Manifestation: Es kommt durchaus vor, dass die Antwort des Universums ganz anders ausfällt, als gedacht. Beispiel: Du willst dir tausend Euro manifestieren und arbeitest daran, das Geld durch einen Auftrag zu bekommen. Tatsächlich könnte es dir jedoch passieren, dass du scheinbar aus dem Nichts irgendeine Rückzahlung bekommst, mit der du nicht gerechnet hast. Theoretisch könntest du sogar das Geld wortwörtlich auf der Straße finden.

Manchmal hat man nämlich auch Glaubenssätze wie die, dass man sich alles erarbeiten muss, einem nichts geschenkt wird.

Dann ist es unter Umständen gar nicht so leicht, ein solches Geldgeschenk wie im Beispiel oben anzunehmen. Schon stellen sich wieder Schuldgefühle oder Gedanken ein wie: Das steht mir nicht zu. Ich brauche das nicht. Sich in solchen Situationen beschenken zu lassen, auch das musst du allmählich akzeptieren. Überhaupt ist es für viele Plus-Pole extrem wichtig, annehmen können zu lernen. Oft können sie nur geben. Und dann kann das Leben in diesem Bereich nicht anfangen zu fließen. Das ist doch interessant, oder?!

2.25 Die eigene Blase schaffen

Bestimmt kennst du dieses Phänonem, wenn du total verliebt bist: Dann fließt dir scheinbar alles zu, und es ist leicht, fast automatisch weitere schöne Dinge ins eigene Leben zu ziehen. Oder schau dir Kinder an: Die Hausaufgaben sind in Nullkommanichts erledigt, wenn es danach zur Geburtstagsparty geht.

In deinem Fall geht es jetzt aber um den next-level und darum, sich eine Wohlfühlatmosphäre zu erarbeiten gerade in solchen Zeiten, wenn es eben ganz und gar nicht leicht ist, in positive Stimmungen und Schwingungen zu kommen –obwohl du das gerade dann umso mehr brauchst. Eine solche persönliche Blase betrifft unser aktuelles gesellschaftliches Klima (jetzt in der Corona-Zeit), genauso aber auch die Arbeit an deinen Beziehungen.

Dein optimaler Ausgang

Die Idee ist nun folgende: Egal was für ein Thema in deinem Alltag auftaucht, du rückst stets dein persönlich bestes Szenario in den Fokus. Wie machst du das?

- Indem du zunächst versuchst, in allem die guten Anteile für dich persönlich zu entdecken. Bedenke, was ich oben bereits angedeutet hatte: Wir leben in der Dualität (s. Seite 106), und das heißt, für praktisch jedes Ereignis finden sich immer auch positive andere Ereignisse oder Sichtweisen. Lass uns das nur für dein ganz persönliches Leben anschauen und nicht global, sonst wird es ziemlich schwierig. Wenn du also beispielsweise wegen der Pandemie keine Ausflüge machen kannst, stöhnst du jetzt nicht rum, sondern fragst dich: Was ist daran gut? Wie kann ich die gewonnene Zeit für mich nutzen? Was könnte ich Neues lernen? Kann ich vielleicht daran arbeiten, innere Reisen zu machen? Und so weiter und so fort.
  Selbstverständlich kannst du ein persönlich bestes Szenario auch für Beziehungsfragen entwerfen. Etwa wenn deine Beziehung gescheitert ist, könntest du denken: »Hey, da wird bestimmt etwas Besseres für mich kommen« usw. Wahrscheinlich hört sich das kurz nach einer Trennung unmöglich an (wir sagten oben: Nimm dir die Zeit, die die Dinge brauchen), aber es ist so lange unmöglich, wie wir es nicht probieren und üben. Alles muss man üben. Auch unsere negativen Glaubenssätze sind durch permanente Wiederholungen entstanden. Und verschwinden durch permanente und positive Gegenmaßnahmen immer mehr von der Landkarte.
- Als nächstes machst du das, was wir oben schon besprochen haben: Du überlegst dir, was du im Leben gerne haben oder erreichen möchtest, und versuchst dir vorzustellen, wie sich das anfühlen würde, wenn du es bereits hättest.
  - Koste das richtig innerlich aus.
  - Schiebe Zweifel beiseite und
  - Lass dich nicht auf einen Zeitrahmen festlegen, in dem diese Veränderungen eintreten sollen.
  - Mache es dir gerne leicht. Fang bei ganz simplen Sachen an.

  Nehmen wir mal an, du bist im Schuhladen, und die Verkäuferin sagt, von deinem Schuh gibt es nur noch ein Paar. Dann stell dir in diesem Moment vor, wie es sich anfühlt, wenn sie deinen Schuh »zufällig« in genau deiner Größe noch im Lager findet.

Das gleiche gilt natürlich auch für Beziehungen. Stell dir vor, wie du jemanden an der Tiefkühltheke kennenlernst. Wie er dich anspricht. Wie lustig es ist. Wie gut es sich anfühlt. Unsere Phantasie wird viel zu wenig wertgeschätzt, denn dies sind eigentlich keine Phantasien, sondern ist unsere Super-Power, die Vorstellungskraft. »Tagträume« darüber immer wieder. Mach es nicht zu spezifisch, was den Partner und die Partnerin angeht, zum Beispiel, dass er oder sie exakt so und so aussehen soll, damit das Universum mehr Möglichkeiten hat und den Menschen aussuchen kann, der für dich in diesem Moment am besten passt.

Auch bestehende Beziehungen kannst du so »bearbeiten« (aber lass sie bitte los, wenn es sich um hoch-toxische Beziehungen handelt). Stell dir halt in allen Farben vor, wie sich die Beziehung positiv entwickelt.

Natürlich kann dir niemand (selbst ich nicht ☺) garantieren, wie weit das führt! Aber es ist meine Erfahrung, dass schon die Arbeit daran so viel Spaß macht – eine Belohnung in sich. Probiere es aus. Selbst wenn du nicht an Manifestationen im engeren Sinne glaubst, wird dir praktisch jeder Coach der Welt bestätigen, dass dir mehr möglich ist, als du gemeinhin denkst. Weil du im Wesentlichen von deinen Glaubenssätzen bestimmt wirst. Beim Dating spielt das Mindset eine Riesenrolle, ich glaube, darüber müssen wir nicht diskutieren – so etwas wird jeder schon mal selbst oder im Gegenüber erlebt haben.

Das naisgeile Leben

Ich denke, du verstehst nun auch immer mehr, warum das »naisgeile Leben« nicht nur ein schlanker Spruch von mir ist, sondern tatsächlich ein integraler Bestandteil meiner Lehre. Wenn du dich nicht selbst satt machst, bleibst du im Mangel und ziehst weiter Mangel an. So funktioniert das Universum!

Natürlich darfst du dir weiterhin einen Partner wünschen, aber wenn du dein Leben als eine einzige Qual empfindest, wird es auch mit einem Partner auf Dauer nicht schöner. Auch wenn du dir andere Dinge zu deinem naisgeilen Leben manifestieren willst, wirst du effektiver, wenn du in einer höheren Schwingung bist.

Wie kommst du in eine höhere Schwingung? Indem du mehr und mehr die Dinge machst, ob kurz- oder langfristig, die dir richtig Freude bereiten. Ich sage bewusst Freude machen und nicht Spaß. Drogen machen vielleicht »Spaß«, aber sicherlich keine Freude. Also fang gleich an, dein Leben zu ändern. Warte nicht auf bessere Zeiten! *Jetzt* ist der beste Moment. Du denkst, du bist gefangen in deinem Leben? Das bist du nicht. Aber setze dir kein Zeitlimit. Du wirst dich wundern, was du über die Zeit so erreichen kannst, wenn du *kontinuierlich* etwas an dir tust.

Kleine Übung: Stell dir bei Gelegenheit in Ruhe vor, du hättest dein Ziel schon erreicht. Und dann geh ganz langsam zurück in der Zeit – welche Schritte haben dich dorthin gebracht? Schalte dabei den Verstand aus! Und lass die Antworten kommen.

Erschaff dir deine Vergangenheit

Dieser Punkt wird dir vermutlich völlig fremd vorkommen. Er ist auch wirklich nicht so leicht zu verstehen. Die Idee dahinter ist aber ganz simpel: Wenn wir unsere Zukunft manifestieren können oder könnten, warum nicht auch unsere Vergangenheit? Tatsächlich gibt es ja keine Vergangenheit oder Zukunft. Oder kannst du sie irgendwo sehen? Du sagst vielleicht: Na gut, die Zukunft nicht, aber durch die Vergangenheit ist ja die Gegenwart erstanden. Einverstanden, aber kannst du die Vergangenheit sehen wie die Zimmerwand neben dir?

Nein, kannst du nicht. Ja, es gibt Erinnerungen, es gibt Tagebücher, es gibt alle Arten von Aufzeichnungen. Aber streng genommen erlebst du die auch nur im Hier und Jetzt, sehen kannst du die Vergangenheit als solche nicht.

Jetzt muss man das Thema aber auch nicht zu esoterisch angehen. In diesen Kreisen wird ja oft gesagt, es gäbe keine Zeit usw. Aber ich finde diese Sichtweise wenig hilfreich, weil es offensichtlich in unserer Wirklichkeit zumindest die Illusion von Zeit gibt, wie ein Fluss, den du vorbeiziehen siehst. Und tatsächlich würde ich auch nicht so weit gehen, die Ereignisse, die in unserem Gedächtnis abgespeichert sind, als nicht existent anzusehen. Sicherlich lässt sich gerade bei Erinnerungen hinterfragen, ob die Dinge wirklich exakt genau so passiert sind. (Darüber gibt es beispielsweise unheimlich viele Forschungen für den Zeugen-Bereich.) Umgekehrt denke ich, gibt es keinen wirklichen Zweifel darüber, dass die entscheidende Frage bei deiner Biografie nicht ist, wie ist es *wirklich* gewesen, sondern wie du ganz persönlich das Erlebnis in dir abgespeichert hast. Also sozusagen der Fußabdruck, den ein biografisches Erlebnis hinterlassen hat. Der Fußabdruck ist ja auch nicht der echte Fuß.

Wenn du also abgespeichert hast, dass dich nie jemand geliebt hat in deiner Familie, dann ist das *deine* Realität, aus der sich wiederum entsprechende weitere Glaubenssätze ableiten. Ob du wirklich nicht geliebt wurdest, ist damit noch lange nicht klar.

Du kannst mit einer Therapie oder offenen Gesprächen mit deinen Eltern eventuell mehr Licht hineinbringen. Oder du nimmst gleich eine Abkürzung und malst dir aus, wie es heute wäre, wenn du schon immer ganz doll geliebt worden wärest (manifestierst: Ich wurde schon immer geliebt).

Du kannst dir auch ausmalen, wie du für deinen Lebensweg andere Entscheidungen getroffen hättest und wie das heute zu anderen Realitäten geführt hätte.

Eins ist mal klar, dein Gehirn wird kaum unterscheiden können, was deine schöne bunte Vorstellungskraft ist und was die graue »Realität«.

Also kannst du damit experimentieren, deine Vergangenheit einmal »umzuschreiben«, zum Beispiel mit dem »fiktiven Tagebuch einer schönen Kindheit«. Spiele damit! Nimm es nicht zu ernst! Probiere einfach mal rum und schau, welche Konsequenzen es hat!

Halte dich fern von toxischen Realitäten anderer

Auch deine Umwelt kreiert natürlich ihre Realität, dein Ex-Partner macht es ebenso. Denk an das oben Gesagte: Vielleicht waren sie noch nicht bereit für die Liebe aufgrund ihrer eigenen limitierenden Glaubenssätze.

Verschärft wird das Problem, wenn du einen Partner hattest mit konkreten Persönlichkeitsstörungen (Narzissmus, Borderline etc.), weil es zum Profil dieser Störungen gehört, ihre »Realität« besonders stark zu deformieren. Das ist natürlich kein bewusster Prozess, es passiert einfach.

Ein besonders wichtiger psychologischer Abwehrmechanismus ist die *Projektion*. Dabei wird auf sich projiziert, was der andere macht. Ein Beispiel: Du wirst mit rasender Eifersucht gequält, fremd geht aber dein Partner. Auch scheinen mir Menschen mit deutlich narzisstischen Anteilen gerade andere gerne als Narzissten zu beschimpfen. Ja, vielleicht hat dich auch dein Partner als toxisch empfunden und nicht nur du ihn.

Mein Rat: Verstrick dich nicht in diesen so verschiedenen Varianten der je eigenen Realität. Nimm es an und hin, schau, ob du den Impuls hast, in Zukunft etwas anders zu machen, und dann lass es los. Dein Ego möchte vielleicht, dass alle deine (Beziehungs-) Welt so sehen, wie du sie wahrnimmst. Das wird nicht passieren, schon gar nicht nach einer gruseligen Trennung. Sei der/die

Schlauere und tritt nicht nach, auch wenn der andere dir noch so viele Schimpfworte hinterherwirft. Lass dich nicht antriggern und dadurch verunsichern.

2.26 Dein spiritueller Weg – der magische Weg in die neue Zeit

Auch wenn du es bisher nicht so sehr mit dem Spirituellen hattest: Nimm dir jetzt Zeit und horch ab und an in dich hinein, gerade in diesen extrem schnelllebigen Tagen. Selbst wenn du mit dem Begriff Spiritualität nichts anfangen kannst, dann lass ihn links liegen und handle trotzdem: Was fühlst du gerade in dieser Zeit? Hat sich dein inneres Leben nicht sehr verändert, die letzten Monate oder Jahre über? Vielleicht sagst du: Ja, das liegt bestimmt an der Corona-Krise. Aber ist es wirklich »nur« das?

Fühle mal die nächste Zeit in dich hinein, meditiere viel, und traue deinen vorsichtig erwachenden Wahrnehmungen. Was fühlst du dann? Schreib es ruhig auf, wenn du magst, dann kannst du später nochmals nachschauen und dir die Veränderungen vor Augen führen – das tut gut!

Vielleicht machst du ähnliche Erfahrungen wie ich, der ursprünglich nun wirklich aus einer sehr wissenschaftlichen und verstandesmäßigen Welt kommt.

Indem ich mich mehr und mehr spirituellen Themen öffne, habe ich zunehmend das Gefühl, dass wir zwischen den Welten oder den Zeiten stehen. Offensichtlich geht gerade etwas zu Ende, ich vermute, dem würden etliche Menschen zustimmen. Corona und all das Drumherum sind sicherlich für jeden eine Zäsur. Doch während viele die Überzeugung gewinnen, dass wir einen Umbruch in ein negatives Zeitalter mit Pandemien, Klimakatastrophe und anderem erleben, erfahre ich persönlich das Gegenteil:

Als ich diese Zeilen im Dezember 2020 kurz vor der Wintersonnenwende schrieb, konnte ich mit Fug und Recht behaupten, noch nie in meinem Leben so viele (scheinbar) verrückte innere Wahrnehmungen und Nachrichten erhalten zu haben wie im letzten Jahr. Es ist, als kämen neue, ganz kräftige lichtvolle Energien zu mir hinterher.

Gleiches wünsche ich dir und bin sicher, durch die (spirituelle) Arbeit an dir selbst kannst du Ähnliches erfahren.

Ich würde dir deshalb auf jeden Fall gerne raten, diesen feinen Hinweisen zu lauschen, deiner inneren Stimme, deinen Phantasien, deinen Träumen. Folge deiner Inspiration, wenn sie dir zuflüstert: Mach die Meditation, hör jenes Video oder lies dieses Buch! Jetzt! Nimm die feinen Stimmen für bare Münze und folge diesem verrückten Weg, der sich dir auftut. Tatsächlich kannst du dann Begriffe wie Spiritualität oder Esoterik einfach hinter dir lassen. Ich vermute auch, du wirst irgendwann feststellen, dass unsere Realität vielleicht doch nicht so ganz das ist, was sie zu sein scheint – und viele dich glauben machen wollen: Existent seien nur bewiesene Fakten (was nicht heißen soll, ich würde fake-news die Tür öffnen – ganz und gar nicht). Die Realität ist nicht die ganze Wirklichkeit.

2.27 Sei einfach Mensch

Wenn ich dir mit diesem Buch nur einen einzigen Rat mitgeben dürfte, dann wäre es dieser: Sei einfach du, sei einfach Mensch.

Wie alle »einfachen« Sachen ist das natürlich doch nicht ganz so einfach. Einfach heißt übrigens: Wir können tatsächlich ein bestimmtes geistiges Ziel in einem einzigen Atemzug erreichen, wenn wir nur diese ganzen inneren Mauern loslassen. Soweit die Theorie. In der Praxis wirst du einen Prozess durchlaufen, der oft seine spezielle Zeit braucht.

In toxischen Beziehungen liegt die Problematik darin, dass du meist eben nicht du selber bist. Beide Pole verstellen sich und trauen sich nicht, wirklich authentisch zu sein.

Als Plus-Pol versuchst du ständig, es dem Partner recht zu machen, die eigene Wut und den eigenen Frust zu verbergen. Warum? Weil du letztlich denkst, dass du sonst nicht geliebt wirst, so wie du bist.

Leider ist die Kindheit die einzige Zeit, in der man die Liebe anderer so richtig in sich verankern kann. Das geht ja bekanntlich oft schief. Darum ist es absolut essenziell, dass du dich selbst jetzt und heute immer mehr liebst. Und je mehr du dich liebst, umso weniger wirst du dich in Beziehungen verstellen wollen. Je weniger du dich verstellst, desto mehr stößt du schlechte Beziehungen regelrecht ab und ziehst ehrlichere, stabilere Menschen an.

Außerdem kurierst du auf diese Weise noch ein anderes Problem gleich mit, das sich häufig dazugesellt: Viele bindungsunsichere Menschen sind extrem streng mit sich selbst und versuchen, immer einem eigentlich unerreichbaren Ich-Ideal zu folgen. Gerade die Plus-Pole versuchen verzweifelt, ein perfekter Partner zu sein, und spiegeln sich dann häufig in Menschen, die (zumindest in bestimmten Bereichen) sich in Beziehungen besonders unperfekt verhalten.

Unser Menschsein ist aber nun überhaupt nicht darauf angelegt, perfekt zu sein. Engel sind es vielleicht, in unserer 3D-Welt ist das aus meiner Sicht praktisch unmöglich. Im Grunde erwartet auch niemand von uns, fehlerfrei zu leben, außer wir selbst!

Es geht schließlich darum, deinen ganz eigenen verrückten Weg zu gehen. Dazu gehört, Verantwortung zuerst für dich selbst zu übernehmen, Entscheidungen zu treffen – und das passiert *nie* ohne Fehler. Auf eine Art gesehen kannst du aber praktisch nichts falsch machen, da jede Erfahrung deiner Seele zur Entwicklung dienen kann. Es gibt das schöne Zitat einer alten Frau auf dem Sterbebett, die gefragt wird, ob sie im Rückblick etwas hätte anders machen wollen. Sie antwortet verschmitzt: »Wenn ich nochmal leben könnte, würde ich gern mehr sündigen.«

Mit deinen Schritten zu höheren Schwingungen und der damit verbundenen Sorge für dich selbst wirst du eigentlich nie fertig, da es immer wieder neue Wünsche und Pläne gibt. In dem Moment, wo du fertig bist, bist du nicht mehr auf dieser Welt.

Die Erde mit ihren krassen Rahmenbedingungen bietet uns in diesem Sinne ein außergewöhnliches Übungsfeld an, auf dem wir unsere Fähigkeiten besonders schulen können. Das heißt aber nicht, dass wir auch besonders viel leiden sollen (ein überkommener Glaubenssatz für Plus-Pole, gerade in religiösen Kreisen). Leiden an sich hat keinerlei Sinn. Aber Leiden schubst uns oft heftig in die richtige Richtung bzw. lässt uns aufwachen – dahingehend kann jeder, wenn es zu ihm passt, sein Leiden im Nachhinein interpretieren, muss es aber auch nicht.

Du hast einen total simplen Kompass in dir, der dir sagt, ob du dich auf dem richtigen Weg befindest. Jeder hat den! Es ist einfach unser *Wohlgefühl*. Wir haben nur verlernt, darauf zu hören. Dieses Nicht-Hören kann aus gesellschaftlichen Konventionen entstehen, denen du dich unnötig unterwirfst. Oder auch daraus, dass du einen kurzfristigen Kick – wie in toxischen Beziehungen – mit echtem dauerhaften Wohlgefühl verwechselst.

Daraus resultiert ja einer meiner Kernbegriffe, das »naisgeile Leben«. Damit meine ich eine absolut konsequente Verfolgung eigener kurz- und langfristiger Ziele sowie des täglichen bewussten Genusses. Wenn du übrigens bei dem Begriff Phantasien einer Dauerparty mit Drogen, Spaß und einem Leben auf der Ego-Überholspur hast, liegst du völlig falsch! Und es bedeutet auch nicht, schmerzvolle Aufgaben, Mitgefühl und Verantwortung im Miteinander vollständig zu verdrängen. Aber du darfst die Selbstliebe als wichtigste Aufgabe in deinem Leben auf deiner Prioritätenliste ganz nach oben stellen.

Das trainiert nach und nach dein Selbstwertgefühl, und vor allem findest du nach und nach eine Wohlfühl-Quelle in dir selbst und musst dein Wohlbefinden und Glück nicht im Außen suchen.

Es kostet oft Mut, diesen Weg zu gehen. Du wirst dir damit nicht nur Freunde machen. Man könnte ja annehmen, dass sie sich mit dir freuen. Das ist keineswegs so. Wenn du den Liebeschip-Weg gehst, bist du so modern, dass andere dich einfach nicht mehr verstehen. Tatsächlich kommt es heutzutage allmählich in Mode, den Weg des Herzens und der Seele zu gehen. Aber er markiert nur einen Übergang, die anderen werden schon nachkommen und mit dir weitergehen.

Insofern darf man vielleicht zusammenfassen: Sei einfach Mensch, sei *menschlich*! *Mache Fehler*, vor allem *verzeihe dir* und *anderen* schnell, zieh weiter ins nächste Abenteuer und *genieße* diese verrückte Achterbahnfahrt. In unserer Imperfektion liegt unsere wahre Perfektheit als Menschen.

2.28 Spirituelles Ego

Was ist das spirituelle Ego? Es ist vor allem Ego – nur in einem anderen Gewand. Und es stellt eine ganz schön große Hürde für viele Menschen dar, auf ihrem Weg wirklich weiterzukommen. Wenn du dieses Kapitel liest, wird dir sicherlich Manches inzwischen bekannt vorkommen! Ich kenne vor allem vier Bedeutungen:

Ego-Push durch spirituelle »Erfolge«

Spirituelles Ego bezeichnet hauptsächlich den Push, den jemand mit seinem persönlichen spirituellen Erfolg bekommt. Das kann soweit gehen, dass man sich plötzlich als erfolgreicher spiritueller Lehrer, als Medium, Speaker, Autor oder »Heiler« versteht, fast schon berufsmäßig: »Ich habe es geschafft, ich weiß und fühle jetzt ganz viel und kann jedem mein Wissen nur anbieten, weil ich so lichtmäßig strahle. Hört auf mich, ich weiß es einfach!«

Viele, mich eingeschlossen, haben den Eindruck, dass in der spirituellen Szene absurderweise besonders viel Ego zu entdecken ist, natürlich nicht bei allen. Wer kann am besten meditieren, wer hat die meisten Follower, wer hat die tollsten Sinnsprüche?

Eigentlich stammen diese Einschätzungen aus dem niedrigschwelligen Ego, es sind ja Wertungen. Also Obacht: Hier stellt dir dein Ego eine kleine Falle – als Prüfungsaufgabe sozusagen, ob du die höheren Schwingungen tatsächlich schon erreicht hast.

Daher solltest du in dich reinhören, ob die gehörten Botschaften wohl mehr aus deinem Ego kommen oder aus dem Herzen. Wie kannst du das herausfinden? Letztlich wohl nur durch das eigene Bauchgefühl. (Ich finde manche Menschen in der spirituellen Szene extrem affektiert und selbstverliebt, aber es ist manchmal schwer zu sagen, ob sich in einem solchen Moment nicht nur das eigene Ego meldet□). Auf jeden Fall stellt eine große Followerschaft eine gewisse Versuchung des Egos dar.

Eines möchte ich noch klarstellen: Du kannst durchaus hellsichtig sein und spirituelle Botschaften empfangen, aber selbst noch knietief im Ego stecken. Andersherum kannst du innigst aus Liebe heraus agieren, aber nicht viel mit Spiritualität am Hut haben. Ich habe einige Menschen kennengelernt, die sich selbst als atheistisch ansahen, aber zutiefst ethisch handelten.

Und wiederum: Mir sind in meiner Laufbahn einige extrem toxische Beziehungen untergekommen, in denen Menschen unter dem Deckmantel des »Helfen-Wollens« ihre ganz irdischen Bedürfnisse – wie durch eine versteckte Hintertür befriedigen wollten. Wenn man sich dann dagegen verwahrt hat, war man nicht »bewusst« genug oder hatte »zu viel Anhaftungen«.

Ich denke, du bist ganz gut beraten, wenn du keinen Menschen zu sehr auf ein Podest stellst, keinen Menschen zu sehr zum Guru machst. Und wenn du jede Botschaft durch den eigenen Filter der Intuition schickst und prüfst, ob sie wirklich mit dir resoniert.

Karma wünschen

Als besonders hartnäckige Seite im spirituellen Ego entpuppt sich, anderen Menschen »Bestrafung« oder »negatives Karma« wünschen zu wollen. Das ist einerseits, ehrlich gesagt, total verständlich, aber andererseits eben ein Wunsch unseres menschlichen Egos, letzten Endes eine Art Aufrechnen: Kopf um Kopf und Zahn um Zahn. Zweifelsohne hat jeder Mensch sein Päckchen zu tragen – da muss niemand mehr nachtreten. Und es kann auch aus meiner Sicht kein Zweifel daran bestehen, dass jemand, der nur Hass aussendet, sich selbst keinen Gefallen damit tut. Es wird diesem Menschen bestimmt nicht guttun.

Wenn du allerdings aus dem Ego herauskommen willst, macht es mehr Sinn, stattdessen sich und allen anderen Menschen zu wünschen, dass sie ins Herz kommen mögen. Schließlich müssen und dürfen wir als Kollektiv weiterkommen! Die Vorstellung, dass wir manche zurücklassen oder dass manch einer am besten auf einer einsamen Insel ausgesetzt werden sollte, ist eine Vorstellung in der Dualität, letztlich ein 3D-Denken.

Zugegebenermaßen stellt die Überwindung solcher Denkstrukturen und der damit einhergehenden Gefühle eine heftig schwierige Aufgabe dar. Wenn du wirklich Ungerechtigkeit erlebt hast, kann dir das schon gewaltig zu schaffen machen, keine Frage.

Und ja, auch hier möchte ich wieder betonen, dass du dich durchaus wehren sollst, für dich einstehen sollst – anderen Grenzen setzen für dein eigenes Wohlbefinden. Aber auf eine ruhige klare Art, nicht in der Art des »ich zahle es dir jetzt mal heim«. Alles über sich ergehen zu lassen, ist keine gute Option (und ein altes Denkmuster des Plus-Pols – das weißt du jetzt schon). In meiner eigenen Biografie habe ich das mehrfach ausprobiert, und es hat sich jedes Mal als die falsche Option erwiesen. Wenn wir alles über uns ergehen lassen, signalisieren wir zugleich, keine Grenzen zu haben. Das heißt übersetzt für den Partner oder die Partnerin: Du kannst alles mit mir machen.

Ich bin etwas ganz Besonderes

Hierbei handelt es sich um eine ganz heftige Falle, die letztlich leider auch eine Art spirituelles Opfer-Denken zum Vorschein bringt. Diese

Falle tritt leicht auf, wenn du längere Zeit an dir arbeitest und es dir besser geht. So viel besser, dass du deine eigenen Stärken und deine Größe gut wahrnehmen kannst.

»Ist doch toll!«, rufst du jetzt aus, »was gibt es denn daran schon wieder zu meckern!« Die Falle zeigt sich als die Idee, dass du jetzt etwas ganz Spezielles bist und aufgrund dessen ganz besondere Probleme hast, und deshalb »alles« gar nicht anders hätte passieren können.

Ein Beispiel: Du bist überzeugt, dass dir genau deshalb toxische Beziehungen widerfahren, weil du »hochsensibel« oder eine »Lichtarbeiterin« bist. Nun, es mag sein, dass es sich bei dir so verhält (wobei echte Hochsensibilität oft verwechselt wird mit der Hyper-Alertness [erhöhte Wachsamkeit] nach traumatischen Erfahrungen)! Aber trotzdem bilden toxische Beziehungen ein Phänomen wie Stecker und Steckdose ab. Es ist nicht einfach dein Pech! Du warst auch das Gegenstück zum Stecker. Du bist nicht (nur) das Reh, das dem Wolf zum Opfer fällt.

Zunehmend fällt mir eine Variante auf: »Ich bin eine ganz seltene Charakterausprägung oder hochbegabt.« Das regt mich so richtig auf ☺. Wenn man so hochbegabt ist, warum nutzt man es dann nicht, sondern jammert darüber herum und macht sich zum Opfer?

Natürlich (und das ist gerade der Punkt) bist du etwas ganz Besonders! Aber weißt du was, jeder ist was ganz Besonderes und jeder hat seine ganz besondere Geschichte. Letzteres ist wahres 5D-Denken. Wir wollen dich mal nicht zu sehr antriggern ☺.

Ablehnen unserer Menschlichkeit

Die vierte Ego-Charakterisierung ist eine ganz spezielle Art (und geht in Richtung des oben beschriebenen spiritual bypassings), wenn wir nämlich ausschließlich unsere höhere Seite beleuchten und unsere Menschlichkeit inklusive aller Verstrickungen ablehnen. Meine These beinhaltet jedoch, dass wir sehr wahrscheinlich auch die schmerzvollen Erfahrungen machen wollten, um daraus zu lernen. Oder dass wir uns zumindest in dieser Welt vorgefunden haben, um einen bestimmten Job zu machen, meinetwegen den als »Lichtarbeiter«. Es geht darum, diese hohen Energien jetzt in das ganz profane irdische Dasein herunterzuziehen, damit wir hier auf der Erde unser eigenes kleines Eden schaffen können.

Nochmal: Wir werden unser Ego nicht los, es gehört zu uns Menschen dazu wie Arme und Beine. Wir sollten unser Ego lieben. Aber es sollte nicht direkt und unkontrolliert am Steuer sitzen.

3 HANDELN: dein eigener Weg

3.1 Dein Weg aus toxischen Beziehungen

Wie sieht er denn nun zusammengefasst aus, der Weg aus toxischen Beziehungen? Ich hab dir meine persönliche Geschichte erzählt, weil sie beispielhaft dafür steht, wie kurvenreich der Weg sein kann, welche vielfältigen Herausforderungen warten, wie lohnend aber auch die Ergebnisse sein können. Ja, dass man den Weg, insgesamt gesehen, sogar sehr genießen kann – trotz heftiger und schmerzvoller Erfahrungen –, wenn man mit einem versöhnlichen Blick darauf schaut.

Ganz von vorn: Was ist eine toxische Beziehung?

Du wirst sicherlich viele Definitionen finden, meine lautet wie folgt: Eine toxische Beziehung ist eine Beziehung nach dem Täter-Opfer-Prinzip. Zwei Menschen mit tiefen unverarbeiteten Bindungsthemen finden in einer Art Plus-/Minus-Anziehung intensiv zusammen. Anstatt sich weiterzuentwickeln, machen beide in solchen Beziehungen scheinbare Rückschritte. Es entsteht eine emotionale Achterbahn mit starken Ausprägungen von Bindungsangst gegen Verlustangst sowie mit co-abhängigen bzw. egozentrischen Anteilen. Immer mehr Misstrauen und Verletzungen treten auf, statt Liebe zeigen sich Manipulation und Kritik. Wenn die Probleme zu groß werden, trennt sich schließlich eine Seite. Der darauf folgende Liebeskummer schmerzt häufig so sehr, dass die Beziehung wieder aufgenommen wird – und das Karussell geht von vorne los, diesmal mit einem noch schmerzhafteren Ablauf.

Nicht in jeder Beziehung muss zwangsläufig eine »Liebessucht« auftauchen, manche toxischen Beziehungen sind »nur« extrem einseitig. Toxische Beziehungen leben von niedrigschwingenden Energien wie Wut, Ärger, Angst und toxischer Sexualität. (Dies ist – nochmal – keine Bewertung.)

Und: Die Täter-Opfer-Rollen können zwischen verschiedenen Beziehungen durchaus gewechselt werden.

Wie gerät man in eine toxische Beziehung?

Ich empfehle ernsthaft, sich über diese Frage nicht so viele Gedanken zu machen. Aber es gibt im Wesentlichen zwei Gründe:

- Du hast dieses Beziehungs-Muster in deiner Ursprungsfamilie bereits unbewusst kennengelernt und setzt es mit Liebe gleich. Insbesondere mangelndes Urvertrauen und mangelnde Selbstliebe ziehen toxische Beziehungen quasi magisch an.
- Du warst in einer extrem schwierigen Lebenssituation und befandest dich deshalb sehr im Energie-Minus. Vielleicht warst du sehr krank, hattest Finanzsorgen, es gab einen Todesfall oder Ähnliches. Auch solche Erlebnisse erzeugen einen Anziehungspunkt für toxische Beziehungen.

Als nächstes wollen wir uns die verschiedenen Phasen von toxischen Beziehungen anschauen:

Phase 0

In dieser Zeitspanne ist quasi noch nichts passiert, was deine Entwicklung angeht. Du quälst dich durch eine Beziehung oder einen

Dating-Prozess und leidest. Du weißt aber nicht warum. Worte und Verhalten passen überhaupt nicht zusammen, dir geht es immer schlechter, dein Selbstwert leidet, deine Psyche leidet, vielleicht sogar dein Körper. Im Extremfall hast du Probleme beim Schlafen, Arbeiten oder Essen. Besonders oft höre ich von dem Phänomen, dass man die ganze Nacht einfach wach liegt.

Wenn du nun in so eine völlige Horror-Beziehung geraten bist, hat das auch etwas Gutes (ich weiß: Du zeigst mir gerade den Vogel – ist okay, aber lies weiter): Du »wachst« quasi das erste Mal »auf« und stellst fest: Das kann nicht »normal« sein! Und wenn es normal wäre in dem Sinne, dass viele ähnliche Erfahrungen machen, kann es zumindest für dich nicht gesund sein. Vielleicht lebtest du auch vorher schon in unglücklichen Beziehungen, aber sie waren nicht *so* unglücklich, dass du dich wirklich auf die Suche gemacht hättest.

Phase 1

Diese Suche nach dem, was eigentlich los ist, markiert den Übergang in die erste richtige Phase. Oft nenne ich diese Phase gerne »passive Co-Abhängigkeit«, da du zwar die ersten Informationen sammelst, aber in deinem Verhalten noch nicht wirklich irgendetwas änderst. Eine Freundin bringt dich auf irgendeinen Begriff zu Beziehungs-Mustern, du gibst »Narzisst« oder »Bindungsangst« bei Google ein und landest dann beispielsweise bei einem Buch über diese Themen oder bei mir. Wenn du dann auf die richtigen Seiten kommst, wird dich zunächst ein Schwall an Informationen überfluten, der einen Riesen-Aha-Effekt auslöst und eventuell viel Herzklopfen.

Als ich damals mit meiner Arbeit angefangen habe, fand sich in Deutschland fast noch nichts zu toxischen Beziehungen. Natürlich veröffentlichte man schon Einiges zum »Narzissmus«, der in diesem Zusammenhang häufig (wie ich finde, etwas unglücklich) erwähnt wird, aber nicht annähernd wie heute. Was es gab, waren gute Bücher über

Bindungsangst. Inzwischen kannst du dir aber recht sicher sein, relativ schnell bei den anfänglich wichtigsten Informationen zu landen.

Hast du den für dich zutreffenden Pool an Infos und Hilfsmöglichkeiten eingeholt, markiert das den Übergang von der passiven Co-Abhängigkeit in die »*aktive* Co-Abhängigkeit«. Das heißt: Du hast grundsätzlich verstanden, dass es da ein Beziehungsproblem gibt, noch siehst du es aber zu 100 % beim anderen und verbleibst damit weiter in deiner Retter-Rolle. Aber: Du fängst ernsthaft an, etwas zu tun. Die Frage ist nur: Tust du jetzt auch das Richtige?

Sicherlich geschehen in hoch-toxischen Beziehungen gruselige Dinge, aber du greifst zu kurz, wenn du dich *nur* als Opfer ansiehst. Sicherlich bist du *auch* Opfer oft, das ist sonnenklar. Aber wenn du bei dieser Haltung stehen bleibst, verpasst du wichtige, ja entscheidende Schritte der Heilung. Leider bleiben sehr viele in dieser oder der nächsten Phase stecken und sammeln sich in Gruppen, wo sie sich gegenseitig bemitleiden und auf die bösen Männer (meist geht es dann fälschlicherweise um Männer) schimpfen. Das Unangenehme an dieser einseitigen Sichtweise ist: Wenn du im Opfer-Status bleibst, gleicht das das Universum gerne wieder aus ... mit was? Mit einem nächsten Täter (oder einer nächsten Täterin). Dabei muss sich dieser »Ausgleich« nicht unbedingt auf eine Liebesbeziehung beschränken, es kann sich auch um einen ganz anderen Kontakt handeln. Deshalb heißt dieses Buch »Vom Opfer zum Gestalter«. Ziel ist, diese ganze Ebene von Täter-Opfer-Beziehungen zu verlassen.

Viele Menschen, die sich als Opfer sehen, verhielten sich in einer anderen Beziehung schon mal wie ein Täter (ich habe das oben schon beschrieben, S. 103f.). Oder waren es in der aktuellen Beziehung zumindest in Teilbereichen. Ich habe unzählige Geschichten von Menschen gehört mit absolut haarsträubenden Erlebnissen, bei denen sich die Minus-Pole (also die Partner mit bindungsängstlichen und/oder narzisstischen Tendenzen) als die größten Opfer der Welt bejammern. Sich selbst als Opfer sehen bedeutet nicht, dass man nicht auch unfassbar egozentrisch und nachtragend sein kann.

Aber zurück zu dieser Phase. Du fängst also an, etwas zu unternehmen, vielleicht schenkst du dem Partner ein Buch über Bindungsangst oder schleppst ihn zur Paartherapie, aber du stellst fest, alle motivierten Ansätze nützen nichts, verlaufen halbherzig im Sande. Diese Phase kann lang und quälend sein, je nachdem, wann du an die richtigen Informationen kommst oder instinktiv das Richtige startest, und das konsequent.

Wenn es sich nicht nur um eine etwas unausgeglichene Beziehung handelt, sondern dauerhaft Qualen und Liebessucht dominieren, kann es eigentlich nur die Trennung geben. Ich weiß, das hört sich krass an. Ich habe aber *nicht eine* dieser liebessüchtigen Beziehungen sich erholen gesehen. Klar, sie können trotzdem lange Bestand haben mit guten Phasen und erneuten Tiefen und wieder guten Phasen usw. …, aber nur wenn sich einer völlig aufgibt. Hochtoxische Beziehungen neigen dazu, in jeder Runde schlimmer zu werden. Wahrscheinlich sollst du deine Lektionen lernen, was deine Beziehungs-Aufgaben betrifft und deine innere Weiterentwicklung: vor allem anderen die Lektion der Selbstliebe. Letztere kommt nämlich in diesen Verbindungen so gut wie nicht vor!

Diese Phasen müssen natürlich nicht ganz exakt für jede schwierige Beziehung passen, aber oft endet Phase 1 mit einer Trennung beziehungsweise der »ersten« Trennung.

Phase 2

Als Titel könnte man hier »Selbstliebe-Phase« wählen. In diese Phase kommen viele leider schon nicht mehr rein, beziehungsweise durchlaufen mehrfach die vorherigen Phasen, zum Beispiel in einer On-/Off-Beziehung. Als schwierig für diese Phase stellt sich heraus, dass du jetzt im Grunde eine Dating-Pause brauchst.

Dating-Pause bedeutet übrigens nicht nur, dass du keine feste Beziehung suchst. Eine solche Auszeit beinhaltet, den ganzen Bereich einmal auf Null zu setzen: keine Online-Börsen, kein Sex, kein Geflirte, nichts. Nada. Niente. Nullkommanichts.

Wozu soll das gut sein? Die Pause dient dazu, seelisch und körperlich völlig zu detoxen und deine Bestätigung nicht mehr im Außen zu suchen. Eine solche Übung kann wirklich eine Challenge sein, weil du dich häufig mit einem Horror-Liebeskummer herumschlagen musst. Diesen Liebeskummer auszuhalten, ohne wieder zurückzugehen oder in eine andere toxische Beziehung zu geraten, ist ein gigantischer Schritt nach vorne.

Die Leere, die dabei sichtbar wird, gilt es jetzt zu füllen. Du verstehst häufig erst in dieser Phase, dass du zuerst dir selbst Liebe geben musst, und nicht einfach immer wieder nur im Außen suchen solltest. Zwar machst du in diesem Themen-Bereich zunächst nur erste Babyschritte, halte dir aber immer vor Augen: Sie sind *nachhaltig*. Alles, was du jetzt in dich hineingibst, lagerst du wirklich in dir ab. Es bleibt, wird vielleicht im Alltag überlagert, aber du tust wieder und wieder Gutes hinzu, und so wachsen deine neuen Einstellungen zu dir und deine Selbst-Liebe. Es ist nicht nur geborgt, wie in haltlosen Beziehungen.

Sicherlich erfährst du manche Rückfälle, aber du merkt immer schneller, dass der alte Weg einfach nicht mehr funktioniert.

An diesem Punkt ist das Allerwichtigste, sich aus toxischen Kontakten herauszuhalten – sie sind zu anziehend und bringen dich im Handumdrehen wieder in zerstörerisches Verhalten. Das müssen nicht nur Ex-Partner sein. Übrigens, fast immer, wenn ich Klienten habe, die sagen, sie würden trotz intensiver Arbeit nicht weiterkommen, besteht das Problem darin, dass sie noch Kontakt zur oder zum Ex haben – und wenn es nur ein SMS-Kontakt ist ... aber, es ist ein Kontakt.

Ab jetzt geht es zunächst nur noch darum, dein eigenes Leben aufzubauen. Dazu musst du dich endlich mit deinen inneren Wunden auseinandersetzen, auch bekannt als »Arbeit am inneren Kind«. Möglicherweise erscheint dir das zu kleinteilig, zäh und mühsam. Aber wenn du erst einmal dein inneres Kind mit im Boot hast, fühlt sich dein Inneres so gut an, dass es immer einfacher wird.

Außerdem ist jetzt die Zeit gekommen für eine weitere Säule meiner »Lehren«: Das naisgeile Leben! Du hast die schöne Aufgabe, nach und nach und mit kleinen Schritten dein Leben interessanter zu gestalten, intensiver zu füllen. Auch das ist angewandte Selbstliebe, du schenkst dir quasi diese schönen Erfahrungen. Klingt wie fröhliche Urlaubsplanung, entpuppt sich aber für jemanden, der sich ein Leben lang zurückgenommen hat, als weiterer Übungsblock, der umso leichter fällt, sobald du damit anfängst. Zum Start hat man meistens keine Lust, weil noch einiges an Liebeskummer wie Klebstoff an dir hängt. Aber jede Aktion, die dir auch nur ein bisschen Spaß macht, holt dich da immer mehr heraus.

In dieser Phase kannst du weitere Beziehungen zu Freunden, Familie und Arbeitskollegen auf den Prüfstand stellen und stellst fest, dass es auch hier Ungleichgewichte gibt. Das kann im ersten Moment sehr frustrierend wirken, weil du dich manchmal noch einsamer fühlst als sowieso schon. Diese Phase des Prozesses ist daher wirklich sehr schwierig und du musst ehrlich aufpassen, nicht wieder zurückzufallen. Letzten Endes kann das Huhn aber nicht mehr ins Ei, wie ich so schön sage. Wenn du einen bestimmten Bewusstseinsschritt vollzogen hast, kannst du ihn nicht mehr zurücknehmen, das Neugewonnene entfaltet starke Anziehungskräfte. Du siehst jetzt überdeutlich, wenn etwas nicht mehr stimmt, wo du früher draufgezahlt hast, wo du viel mehr gegeben als bekommen hast.

Phase 3

Die Phase 3 ist eine, die von vielen Klienten nicht verstanden wird (als Beschreibung gemeint, nicht als Wertung! – Ich hab diese Phase auch erlebt). Die ersten drei Phasen machen relativ schnell Sinn. Du verstehst, was passiert ist, du erkennst auch, wie es jetzt auf dem Weg der Selbstliebe weitergeht. Nach ein paar Monaten Arbeit in diesem Bereich denkst du leichthin: So, jetzt habe ich es begriffen. Dann kann es ja mal (automatisch) weitergehen, und bestimmt treffe ich ganz andere Menschen. Ich muss dich enttäuschen: Leider ist das häufig nicht so. Klar, manche finden relativ schnell in eine neue, bessere Art von Beziehung, aber in der Regel kommen jetzt die berühmten »Tests des Universums«. Berühmt und berüchtigt auf meinem Youtube-Kanal. Du fängst wieder an zu daten und meinst: »Ah, kein Problem, jetzt ist ja alles anders.« Aber oh weh: Nach einer gewissen Zeit musst du feststellen, es ist doch wieder das Alte.

Das kann sich erst einmal extrem frustrierend anfühlen. Du vergisst halt gerne, wie oben angemerkt, dass es sich um ganz tiefe Glaubensmuster handelt, die nicht mal eben so von heute auf morgen verschwinden. (Es hat ja auch ein paar Jährchen gedauert, sie aufzubauen ☺). Außerdem wird dir weiterhin vieles nicht ganz bewusst sein – die berühmten »blinden Flecken«. Aber wie schon gesagt, jede dieser Erfahrungen macht dich stärker. Und mit jeder Ablehnung deines alten Musters baust du es auch ein Stück weit ab. Mein Rat: Genieße den Weg, *soweit es geht*, und nimm nicht alles so bierernst. Es kann auch ein schönes Gefühl sein, immer mehr Trennungskompetenz zu erwerben und sich kräftiger zu fühlen. Du darfst solche Themen als das sehen, was sie in meinen Augen sind: nämlich als einen Fortschritt, früher zu verstehen und früher reagieren zu können. Meist werden dann die toxischen Erfahrungen immer kürzer, bis zu ein paar Wochen. Diese paar Wochen würde vielleicht auch jemand benötigen, der dieses Muster gar nicht hat. Und das markiert den Übergang in … Phase 4.

Phase 4

Jetzt, wo du quasi alles losgelassen hast, man könnte fast sagen, wo dir alles total egal ist, und du nicht mehr suchen willst, aber gleichzeitig ganz glücklich in deinem Leben bist, ist der Punkt erreicht, an dem sich neue, gesunde Beziehungen auftun können. Das ist auch der Moment, wenn plötzlich »der Richtige« im Leben erscheint. Oft völlig unerwartet, weil du gefunden wirst, und nicht, weil du zu sehr gesucht hast.

Natürlich, du kennst das schon, hat auch diese Phase ihre Aufgaben (oh nein, hat das denn gar kein Ende?!). Du lernst dich vielleicht zum ersten Mal im Leben richtig kennen und merkst, dass du ganz anders in Beziehungen bist, wenn du erst einmal deine Bedürftigkeit weitgehend abgelegt hast. Allmählich registrierst du, jetzt andere Anziehungspunkte anzubieten.

Am Anfang fühlt sich das ungewohnt an, während sich das Toxische weiterhin als gute alte Bekannte anbietet, wenn du dorthin zurückkehren würdest. Daher ist es gut, sich dafür Zeit zu nehmen. Viele gesunde Beziehungen entstehen eher langsam und nicht so wie ein Wirbelwind. Oft darfst du dich jetzt mit eigenen bindungsängstlichen Anteilen auseinandersetzen, die typischerweise in einer ersten sicheren Beziehung entstehen.

Du verstehst nun, dass du auch etwas von diesem toxischen Leben hattest. Dass du auf eine komische Art den Thriller und die Achterbahn genossen hast. Stück für Stück entsteht eine ganz neue Sicht auf all die Phasen, weil dieser ganze Prozess eine Bewusstseinserweiterung darstellt. Dir schwant, dass es von einer höheren Warte wirklich Sinn gemacht haben könnte, durch all diese Beziehungs-Erlebnisse durchgegangen zu sein, um neues Wissen und erstaunliche Fähigkeiten zu gewinnen, nicht nur im zwischenmenschlichen Bereich.

Interessanterweise ist das bei vielen der Augenblick, von dem an sie sich für Spiritualität zu interessieren beginnen. Warum das so ist? Gute Frage. Ich denke, es gibt verschiedene Gründe:

- Mit der Arbeit an dir und deinen Beziehungs-Mustern, die du nun schon geraume Zeit fortgesetzt hast, hast du deine Schwingung enorm erhöht, was dich automatisch in einen spirituellen Raum bringt.
- Inzwischen sind viele Themen geklärt, du gewinnst ein wenig den Überblick. Da kommt die Frage auf: Wie kann das alles passiert sein? Welchen Sinn hat es?

- Die permanente Stärkung deiner Selbstliebe wird von einer lästigen Hausaufgabe plötzlich zu deiner Passion. Du spürst jetzt diesen Liebesstrom in dir und bist einfach total neugierig, was es damit auf sich hat.

Typischer Ablauf einer toxischen Beziehung

Wenn du dich für diesen Weg weiter interessierst und du ihn vertiefen möchtest, schau unbedingt in meine Kurse. Die Module 0–5 auf WWW.LIEBESCHIP.DE sind lose an die genannten Phasen angelehnt, wobei natürlich jeder, der in meine Kurse geht, an einem anderen Punkt der Phasenabfolge steht.

Viele kommen direkt aus der Bindungsangst. Du musst dir immer wieder klarmachen, dass Bindungsangst und Verlustangst untrennbar miteinander verbunden sind. Wenn du verlustängstlich Bindungsängstler datest, hast du mit Letzterem oft selbst ein Thema (übersetzt: Man braucht sich ja in toxischen Beziehungen nicht wirklich auf den Partner einlassen). Und auch viele Bindungsängstler haben ihre Mauern, weil sie früher im Leben tief enttäuscht worden sind und diese Schmerzen nicht mehr fühlen wollen.

Lovebombing-Phase

Wie gesagt, ich beschreibe hier einen typischen Ablauf! Es gibt natürlich Abweichungen, aber in der Regel starten toxische Beziehungen mit einem Riesenknall. Du triffst dich, häufig auf einer konventionellen Dating-Plattform, hast dich schon mal in eine Phantasiewelt hineingetextet in tage- oder wochenlangen Chats, und hast entsprechend schnell das Gefühl, den Partner getroffen zu haben. Nie warst du dir sicherer, dass du jetzt den richtigen Partner getroffen hast. Du kannst und willst 24/7 mit ihm zusammen sein, ihr versichert euch beständig tiefster Liebe, und bemerkst in aller Verliebtheit nicht, dass du den Partner nicht so siehst, wie er ist, sondern etwas Paradiesisches in ihn hineinprojizierst. Es gibt elektrisierenden Sex, du bist einfach »drauf«, auf der toxischen Liebesdroge.

Der große Crash

Typischerweise nach den berühmten 100 Tagen zeigt sich der große Crash, wenn du so willst, der »Fall« aus dem Paradies. Dieser Crash kann ganz verschiedene konkrete Erscheinungsformen haben, zum Beispiel:

- Deine neue Partnerin textet weiter heimlich auf der Börse.
- Er / Sie ist gar nicht Single, stellt sich von heute auf morgen heraus.
- Er / Sie flippt plötzlich aus, beleidigt dich aus dem Nichts, kritisiert dich unangemessen.
- Es kommt zu körperlichen Übergriffen.
- Dein Partner hat ein Drogenproblem oder anderweitiges gravierendes Thema, von dem du nichts wusstest.
- Deine Partnerin macht eine Sache, die dir geradezu verrückt erscheint und überhaupt keinen Sinn ergibt.
- Zuwendung oder Sex bleiben plötzlich aus.

Letzten Endes bemerkst du nach diesen drei ersten Monaten, dass die Dinge wohl doch nicht so sind, wie sie scheinen, aber du kannst und willst es kaum wahrhaben. Gerade hast du eine massive »rote Flagge«, einen Dealbreaker, erlebt. Wenn du zu abhängig von dieser Beziehung bist, gehst du jetzt darüber hinweg und machst dir etwas vor: »Ach, nicht so schlimm, das halte ich aus.« Oder: »Das wird sich noch ändern.«

Die Achterbahn

Dieser Crash löst sich auf, denn dein Partner versichert dir, du habest »alles nur falsch verstanden«, du seist »zu empfindlich«, du müsstest »nur noch etwas warten«. Das ist natürlich alles Quatsch. Leider, leider glaubst du es trotzdem. Die Beziehung nimmt wieder Fahrt auf, aber du bist vorsichtiger geworden und nicht mehr so auf Wolke 7. Einige Zeit später kommt es zum nächsten Crash, zur nächsten Aussöhnung – und dieses Spielchen geht immer so weiter. Euer Miteinander entwickelt sich beständig zurück in das, was ich gerne die »Krümelbeziehung« nenne. Du bekommst nur noch Krümel, und kannst trotzdem nicht gehen. Der Ablauf der Beziehung gleicht einer »Drogen-Karriere«, bei der die Hits immer kürzer werden und die Abstürze und schlechten Gefühle immer länger. Du kannst es nicht fassen, was aus der tollen Beziehung geworden ist.

Es zeigen sich neben dem zeitweisen *Love Bombing* (die Partnerin/der Partner wird auf einen Thron gehoben und mit Komplimenten, Lob und Liebesbeweisen der tollsten Art geradezu überschüttet) weitere manipulative Taktiken (bewusst oder unbewusst):

- *Fast Forwardi*ng: Die Beziehung wird in kürzester Zeit vorangetrieben, manchmal bis zum schnellen Zusammenziehen oder sogar Heiraten, und plötzlich leitet der Partner eine Vollbremsung ein, die unter Umständen direkt in die Trennung führt.
- *Future Faking*: Auf gut deutsch: das Luftschlösser-Bauen. Du bekommst eine Zukunft versprochen, die aber nie eintritt. Zum Beispiel wird dir in einer Affäre ewig und drei Tage lang versprochen, dass sich dein Gegenüber im nächsten Monat 100-prozentig für dich entscheiden wird. Future Faking kann es auch im Kleinen geben, wenn es einfach nicht zu einem Date kommt und stattdessen endlos getextet wird.
- *Schuldumkehr*: Was auch immer du tust oder nicht tust, was auch immer passiert – du bist auf jeden Fall schuld.

- *Gaslighting*: Das Verdrehen von allem. Gaslighting beinhaltet ständiges Lügen und Verdrehen der Fakten, womit dein Partner dich sehr verunsichert, dich kontrolliert, dominiert und glauben macht, du wärst nicht ganz richtig.
- *Triangulation*: Du wirst immer wieder in ein Dreieck hineingezogen, zumindest in ein energetisches Dreieck. Beispielsweise wird die Ex deines Partners fortwährend gelobt, deine Partnerin textet bzw. trifft sich mit einer anderen Person, oder du musst dir anhören, wie jemand anderes plötzlich interessant wird.
- *Abwertung*: Ein Hauptmerkmal toxischer Beziehungen ist das ständige Kritisieren von Nichtigkeiten (wie du isst, wie du schläfst, wie du kochst usw.). Damit möchte der Partner/die Partnerin unbewusst Distanz aufbauen aufgrund bestehender Bindungsängste.
- *Kampagnen*: Das ist eine der unangenehmsten Verhaltensweisen. Wenn du nicht mehr so »funktionierst«, wie es dein Partner erwartet, werden deine Freunde oder andere mit dir verbundene Menschen angesprochen. Was denn mit dir los sei, ob du krank seist. Oder dir werden Handlungen angehängt, die du nie getan hast. Hier geht es um Kontrolle, Macht und auch Rache.
- *Liebeskonto*: Du bringst dich für deine Partnerin halb um, machst ganz viel und hast das Gefühl, du liebst auch viel – ganz selbstlos. In Wirklichkeit baust du unbewusst ein Schuldkonto auf, das der andere doch bitte »ausgleichen« soll. Wenn er es nicht tut, wirst du wütend und kratzbürstig.

Die beschriebenen Phänomene werden übrigens nicht nur vom Minus-Pol ausgeführt, in der Regel aber deutlich mehr. Insbesondere Love Bombing und Fast Forwarding unternehmen beide Parteien. Das Liebeskonto wiederum ist eine typische Plus-Pol-Technik.

Trennung

Das Zusammenleben hat schon nicht funktioniert, leider geht auch die Trennung in diesen Beziehungen nicht reibungslos über die Bühne. Du kannst scheinbar nicht mit, aber auch nicht ohne den Partner. Es ist kaum zu verstehen, dass ihr euch so schwer trennen könnt, wenn sich doch schon die Beziehung so furchtbar anfühlte. Das liegt, kurz gesagt, an dem Sucht-Charakter toxischer Verbindungen. Auch wenn dein Jetzt-Ex selbst die Trennung wollte, wundere dich nicht, wenn er kurz danach wieder ankommt (wahrscheinlich zu der Zeit deines größten Liebeskummers) – meistens mit minimalem Aufwand, wie ich gerne sage, also mit einer Nachricht wie »ich vermisse dich«.

Glaube jetzt bitte nicht deiner Liebessüchtigen-Stimme, dass du noch zehn weitere Runden drehen musst. Ich weiß, es ist schwer, du hast das Gefühl, du müsstest dir das Herz rausreißen. Das hat aber viel mehr mit dem Entzug zu tun als mit echter Liebe. Stattdessen: Null-Kontakt bei allen deinen Handlungen und auch in Gedanken, soweit es möglich ist (und oft ist vieles möglich, wenn du nur willst), ist das Gebot der Stunde.

Suhl dich nicht in diesen schmerzhaften Erinnerungen. Falls ihr beiden wirklich füreinander bestimmt wart (eine Vorstellung, die ich nach diesen Trennungen noch nie erlebt habe, aber gut, man weiß ja nie), dann würde das auch noch nach 100 Tagen Null-Kontakt ja noch so sein. In Wahrheit musst du diese Liebessucht sowieso brechen, selbst wenn ihr die zwei einzigsten Menschen auf einer einsamen Insel wäret.

Such dir gegebenenfalls Hilfe, wenn es zu schlimm wird. Aber oft geht es dir schneller besser, als du gemeinhin in deinem Schmerzkörper denkst, wenn du dich vom »toxischen Brunnen« fernhältst.

Bitte halte dich auch von zu schnellem Dating fern. Insbesondere wenn du die meiste Zeit deines Lebens in Beziehungen gelebt hast, tut dir eine Dating-Pause von ein paar Monaten bestimmt gut. Glaub mir: Du verpasst nichts! Gerade diese Pausen können ein echter gamechanger sein. Pause heißt übrigens, wie oben schon beschrieben: kein Sex, kein Geflirte, nicht auf Dating-Apps herumgucken, rein gar nichts. Einsam daten ist wie hungrig einkaufen.

Stattdessen gib deine Kraft in die Arbeit für deine Selbstliebe. Allein schon einen toxischen Entzug durchzustehen, ohne »Quatsch« zu machen, ist angewandte Selbstliebe. Es wird dir am Anfang echt schwerfallen. Versuche, wann immer du es brauchst, nach innen zu gehen, finde die Quelle in dir, verknüpfe dich mit dem Guten in Büchern, in Gesprächen mit Freunden, in einer Selbsthilfegruppe. Lerne mit Genuss alleine zu sein, und wenn du das kannst, statte dich mit knallharten Regeln aus (hart in der Konsequenz, aber bleib selber ruhig und dir liebevoll zugewandt): Null-Kontakt, Standards, Dealbreaker (Näheres auch in meinem ersten Buch).

Bau dir dein naisgeiles Leben auf! Du kannst es, glaub mir! Lass dir Zeit und genieße den Weg.

Erlaube dir ruhig, nach dem Sinn des Ganzen sich suchen, aber verlier dich bitte nicht darin, unbedingt verstehen zu wollen, warum dein Ex dies und das gemacht hat oder ob es ihm »bewusst« war. Das spielt keine Rolle. Wenn ich unbewusst jemanden überfahre, weil ich am Steuer eingeschlafen bin, wird mich das nicht vor der Verantwortung retten. Jeder ist verantwortlich für sein eigenes Handeln. Rette bitte an erster Stelle dich! Wie im Flugzeug! Erst mal selbst die Sauerstoffflasche aufsetzen.

Nutze stattdessen die spirituellen Tools in diesem Buch, um den Spiegel zu verstehen, deine eigenen Anziehungspunkte wahrzunehmen und diese dann konsequent zu ändern.

Sei nicht so sehr auf das Ziel konzentriert, sondern genieße den Weg! Wenn das richtig klappt, kommen dir die Ziele entgegengeflogen.

3.2 Selbstwert

Ich hab lange überlegt, ob ich ein Kapitel zum Selbstwert schreiben soll. Natürlich ist das eines der wichtigsten Themen, und natürlich kannst du mit einigem Recht einwenden: Wer sich so schlecht behandeln lässt, hat auf alle Fälle ein Problem mit seinem Selbstwert.

Meiner Meinung nach wird das Bild bei genauerem Hinsehen aber plötzlich recht unscharf. Was ist denn das eigentlich, der Selbstwert oder das Selbstbewusstsein? Wo kannst du das finden? Ich würde mal meinen, nirgendwo, weil es einfach einen sehr abstrakten Begriff darstellt.

Wenn wir schauen, was in einem klassischen Selbstbehauptungs-Training abläuft, kommen wir der Sache schon näher. Naheliegenderweise sind solche Übungen verhaltenspsychologisch aufgebaut. Das heißt, du arbeitest an Gedanken-Mustern, aber ehe man sich versehen hat, geht es raus auf die Straße und du »darfst« einen Fremden um einen Euro bitten (typische Übung). Warum stehen diese praktischen Übungen so im Vordergrund? Weil das Selbstbewusstsein ein Name ist für ein Set von, tja, eben selbstbewussten Verhaltensweisen – also jemanden ansprechen können, jemanden bitten können, sich nicht schämen, etwas ablehnen können usw.

Wenn du also dein Selbstbewusstsein verbessern willst, musst du quasi »nur« diese Dinge üben! Es spielt auch keine Rolle, wenn du dabei innerlich zitterst, es funktioniert trotzdem! Du musst und kannst aber nicht zuerst »abstrakt« dein Selbstbewusstsein verändern und dann losgehen, das funktioniert nicht.

Nehmen wir mal an, du kommst zum Arzt und dein Bein ist gebrochen. Der Arzt sagt, du habest die »Beinbruch-Krankheit«. Musst du jetzt erst diese Krankheit behandeln und legst anschließend dein Bein in Gips? Nein, du kannst es direkt in den Gips stecken lassen. So ähnlich ist es mit dem Selbstbewusstsein! Natürlich gibt es eine Art Angang, aber nur durch wiederkehrende praktische Übungen kannst du hervorragend üben und deinen Selbstwert ändern. Im Alltag, Häppchen für Häppchen.

3.3 Schwierigkeiten und Nebenwirkungen

Der Weg aus toxischen Beziehungen ist alles andere als einfach. Und gleichzeitig ist er völlig simpel. Das kannst du aber oft erst in der Rückschau sehen. Man kann den Weg eigentlich in einem Satz zusammenfassen: Ich lasse mich nicht mehr missbrauchen und ich missbrauche nicht mehr. Warum also fällt es trotzdem so schwer?

1. Toxische Beziehungen sind für viele wie eine Sucht. Die Achterbahnfahrt im Zusammensein löst einen irren Drogencocktail von Hormonen und Neurotransmittern im Gehirn aus. Das liegt auch an dem ständigen Wechsel von Kampf, Panik und Love Bombing. Von diesem Rausch muss sich das Gehirn erst einmal erholen. Wenn diese Zufuhr plötzlich ausbleibt, entsteht zunächst eine sehr unangenehme Leere.

2. Unbewusst ist uns die Toxik extrem vertraut, weil wir sie schon aus der Kindheit kennen. Das muss jetzt nicht heißen, dass deine Eltern »böse« waren oder »Narzissten«. Sicherlich haben sie ihr Bestes gegeben, und trotzdem ist aus deiner Kinder-Sicht damals vieles unerfüllt geblieben und du konntest kein Urvertrauen fassen. Es muss sich auch nicht immer um die Eltern drehen, es kommen auch Todesfälle, die Schule, lange Krankenhaus-Aufenthalte, kranke Geschwister usw. als ursächliche Auslöser – natürlich im Zusammenspiel mit deiner Persönlichkeit – in Frage.

Das, was uns vertraut ist, so schräg es auch war, suchen wir komischerweise immer wieder.

3. Wenn wir mal die rote Liebeschip-Pille geschluckt haben, gibt es auf die Dauer kein Halten mehr. Unser Bewusstsein weitet sich aus, und passt nicht mehr ins Alte. Das bedeutet, dass man auch andere Lebensbereiche unter die Lupe nimmt. Das wiederum führt oft zu mehr Irritationen und noch mehr Menschen, die nicht passen, und das kann ganz schön hart werden.

4. Selbst wenn die Freunde nicht direkt verloren gehen, ändern sich doch die Anziehungsparameter. Ich hoffe, ich habe bis hierher gut dargelegt, dass das leicht Neid und Missgunst hervorruft, so irritierend das auch sein mag.

5. Dein Ego will sich rächen und hält dich in der Täter-Opfer-Spirale.

All diese Punkte könnten zu Rückfällen führen oder zu diesen »Tests des Universums«, in denen du dich nochmal etwas verläufst. Das ist nicht schlimm! Wichtig ist nur, dass du möglichst schnell wieder den Weg zurück auf deine Erfolgsspur findest. Du verlierst keine Fortschritte, die du bis dahin gemacht hast, auch wenn das manchmal so aussieht.

Es ist ein bisschen wie mit Kolumbus. Der segelte von Spanien los, um die neue Welt zu suchen. Er wusste nicht, wo er ankommen würde, er machte sich einfach auf den Weg. Nach ein paar Tagen hätte er vielleicht noch nach Spanien zurücksegeln können. Aber es gibt immer einen Point-of-no-Return, da kannst du einfach nicht mehr zurück ins Alte. Deine Limitierungen hast du abgeworfen und segelst auf neue Küsten zu. Du willst nur noch weiter nach vorne. Wann du ankommst und was du finden wirst, weißt du allerdings nicht. Das kann aufreibend sein, deshalb brauchst du viel Vertrauen in den Prozess, wenn du so »mitten auf dem Ozean« bist.

3.4 Probleme mit dem Begriff Narzissmus

Als ich mit meiner Youtube-Arbeit 2015 begann, gab es um diesen Begriff noch nicht besonders viel Gewese in Deutschland bzw. im deutschsprachigen Raum. Das ist inzwischen komplett anders und das hat nicht nur etwas Gutes an sich.

Natürlich tut es zunächst gut, wenn du endlich einen Namen für das schwierige Verhalten des Partners gefunden hast. Und ja, tatsächlich sind narzisstische Persönlichkeitszüge teilweise ein Bestandteil toxischer Beziehungen.

Tatsächlich helfen dir aber diese Erwägungen relativ wenig. Ja, du hast diesen Begriff vielleicht bei Google eingeben und Informationen gefunden, die dir bekannt vorkommen. Der Begriff kann ein guter Türöffner sein zum Verstehen. Aber solche Diagnosen sind sehr komplex und es gibt einen Grund, warum die Analyse Fachleuten vorbehalten ist. Zu schnell packst du die Partnerin in eine Schublade – und schiebst im Zweifelsfall ihr alles Negative in der Beziehung in die Schuhe, anstatt an die Arbeit an dir selbst zu gehen.

Stattdessen empfehle ich dir, dir deine Standards und Dealbreaker aufzuschreiben und die häufigsten manipulativen Verhaltensweisen zu kennen (dazu siehe weiter oben S. 196f. sowie mein erstes Buch »Der Liebescode«). Schau auf das Verhalten und hör nicht so viel auf falsches Süßholz-Geraspel. Hör dagegen intensiv auf deinen Körper und auf deine Psyche. Geht es dir gut in deiner Beziehung? Oder leidest du die meisten Tage? Es gibt eine ganz coole Regel: Stabile Beziehungen stabilisieren, wackelige toxische Beziehungen destabilisieren.

Sei vorsichtig bei Menschen, die besonders laut »Narzisst« rufen und auf andere zeigen. Denk an das Thema Projektion, dass jeder seine mehr oder weniger schwierigen Persönlichkeitsanteile hat ☺. Wie schon gesagt, nach meiner Erfahrung sehen sich viele »Narzissten« selbst als die größten Opfer. Und schau immer darauf, ob Menschen auch (zumindest einigermaßen) leben, was sie selbst predigen. Du wirst selten jemanden finden, der dir beim ersten Date sagt, er lebe seine Täter-Seite »gerne« aus.

Der Begriff Narzissmus ist durch seine häufige Verwendung inzwischen sehr verwaschen und sagt entsprechend nicht mehr so viel aus. Ist damit wirklich die psychiatrische Diagnose gemeint, geht es um einzelne narzisstische Verhaltensweisen (die jeder von uns mal hat) oder wird es als umgangssprachliches Synonym für »einfachen« Egoismus gebraucht?

Schließlich kann es ein von dir benutztes Wort sein, um zu sagen: Ich bin wütend auf meinen Ex?

Exkurs: Apropos Ex: Nicht immer sind die Männer die Bösen! Es ist traurig, dass man das überhaupt schreiben muss. Ja, Männer sind für einen Großteil der körperlichen Gewalt verantwortlich (wobei sich die meiste Gewalt von Männern auch gegen Männer richtet). Wenn man aber psychische Gewalt, verbale Erniedrigungen, Kindesentzug, falsche Anschuldigungen mit dazunimmt, sieht das Bild schon ganz anders aus. Gewalt von Frauen ist oft subtiler, deshalb aber nicht ungefährlich.

In meine Kurse gehen etwa 20–25 % Männer. Ihre Geschichten beinhalten natürlich anderes, sie sind aber nicht weniger quälend. Wenn man bedenkt, dass für Männer das Opfer-Thema noch schambesetzter ist, und Männer es tendenziell nicht mögen, Hilfe zu suchen, kann man überlegen, ob der reale Anteil Betroffener nicht viel größer ist.

3.5 Was kannst du vom Partner eurer toxischen Beziehung lernen?

Viele Plus-Pole stehen in der Gefahr, ewig in der Opferrolle festzuhängen und ewig darüber nachzugrübeln, wie böse und gemein der Partner war. Gleichzeitig gilt aber auch, dass Plus-Pole in eine Art Gutmenschentum geradezu verliebt zu sein scheinen – und sich aus beiden Gründen oft völlig aufgeben. Sie verhalten sich total gutmütig und viel zu nett. Also, wäre es nicht spannender, ab jetzt zu überlegen, was du als Plus-Pol vom Minus-Pol lernen könntest? Natürlich solltest du unterscheiden: Ziel kann nicht sein, dessen Empathielosigkeit und Illoyalität zu übernehmen. Aber ist es nicht so, dass Minus-Pole kompromisslos an sich selbst denken können? Ihr eigenes Wohl sehr gut im Blick haben? Wäre das nicht etwas Gutes, das du – neben deiner Rücksichtnahme – für bestimmte persönliche Ziele in dein Verhalten integrieren könntest? Klar, der Minus-Pol kann und sollte umgekehrt auch vom Plus-Pol mitfühlendes Verhalten erlernen. Nur leider ist die Bereitschaft dazu im Minus-Pol nicht so groß, und du hast das sowieso nicht in der Hand. Der Partner leidet in der Täter-Rolle oft nicht so tiefgreifend und sucht daher auch weniger nach Veränderung. Während Plus-Pole überflexibel sind, sind Minus-Pole unterflexibel. Aber gerade diese »Unterflexibilität« würde vielen Plus-Polen unheimlich guttun. Einfach mal sein Ding machen, sich nicht so leicht vom Kurs abbringen lassen, mehr an sich denken.

Das soll jetzt keineswegs heißen, dass Minus-Pole »gesünder« sind ☺! Sie haben genauso ihre Selbstliebe-Themen und inneren Wunden, vielleicht sogar noch mehr. Aber ein Teil der magischen Anziehung in toxischen Beziehungen besteht darin, dass jede Seite für sich Verhaltensweisen zeigt, die dem anderen prima weiterhelfen könnten. Also, schau, was du lernen kannst, mach dazu eine Liste. Aber stell bitte deinen (Ex-)Partner nicht wieder auf ein Podest – das ist eine große Falle und führt zu unnötig verlängertem Liebeskummer.

Heile die Wunden in dir und suche nicht die Bösen da draußen

Wenn du dieses Buch in den Händen hältst, ist dir offensichtlich längst klar geworden, dass es Teile in dir gibt, die Heilung oder zumindest Beachtung brauchen. Der Partner, der dich verlassen oder betrogen hat und manipuliert, war höchstwahrscheinlich nicht der erste und einzige Mensch, der das gemacht hat. Seltener finden sich Fälle, bei denen ein gravierendes Live-Event (zum Beispiel ein plötzlicher Todesfall in der nahen Umgebung) Auslöser dafür ist, dass du in eine toxische Beziehung gerätst. Meistens hat es doch mit biografischen Erfahrungen zu tun.

(Darüber hinaus kann man für die spirituellen Leser unter uns immer daran denken, dass man mit toxischen Beziehungen Traumata aus früheren Inkarnationen bearbeitet oder sich von höherer Seite einen weiteren Schubs geben will.)

Wenn du nun effektiv an dir arbeiten möchtest, dann schau, was du tun kannst, immer dann, wenn dich etwas antriggert. Das heißt natürlich nicht, dass es deine Schuld ist oder so. Du akzeptierst, dass es nicht in deiner Macht liegt, was andere tun, sagen, denken oder unterlassen. Stattdessen lenke den Blick in jeder dieser Situationen auf dich selbst: Es muss immer auch irgendwelche Punkte in dir geben, damit die Situation so verlief, wie du es gerade erlebt hast (oder gestern Abend usw.).

Spürst du in einem Ereignis beispielsweise Ohnmachtsgefühle, gilt es diese anzuschauen. Fällst du in Einsamkeit, schaust du dir das an usw. Das ist wirklich hochschwingend, weil du so vermeidest, wieder eine neue Runde im Täter-Opfer-Karussel zu drehen. Auf diese Weise beginnst du, vom Täter zum Gestalter deiner selbst zu werden, mit jeder Situation.

Die Gefühle anschauen heißt nun nicht, sie wegzudrücken, sondern sie intelligent für deine Weiterentwicklung zu nutzen und sie mit dir auszumachen.

Diese kleinen Situations-Analsysen beinhalten auch, Grenzüberschreitungen für dich zu benennen und beim nächsten Mal glasklare Grenzen im Außen zu setzen, wann immer es nötig erscheint. Wenn du das konsequent anwendest, vermeidest du eine der größten Fallen, nämlich dass du in einen permanenten Opfer-Status fällst.

Jetzt fragst du vielleicht: Aber wie kann ich denn all diese Dinge vermeiden, jetzt und in der Zukunft?

Nun, du wirst sie nicht dadurch vermeiden, dass du die Bösen im Außen suchst und dich an all den modernen Hexenjagden beteiligst, die es gerade so gibt (nicht mehr so physisch wie früher, aber die Energie scheint mir durchaus ähnlich zu sein). Kontinuierlich Selbstliebe pflegen bedeutet: immer zuerst bei sich selbst zu schauen. Also gehst du aus dem Verstand heraus, versuchst nicht, alles zu verstehen und vorauszuplanen, sondern vertraust auf deine Herzintelligenz und das möglichst fröhliche Sein im Hier und Jetzt. Den Rest lässt du das Universum erledigen. Du spürst deiner inneren Stimme nach und arbeitest an dir, wie in diesem Buch beschrieben – Handwerkzeug dazu hast du jetzt schon eine ganze Werkstatt voll. Und zur Umsetzung schau einfach in meine Kurse auf WWW.LIEBESCHIP.DE.

Klar, wenn du etwa einer juristischen Auseinandersetzung (bei einer Trennung) nicht ausweichen kannst, dann ziehst du die natürlich so kühl wie möglich durch. Aber hab Vertrauen, dass du keine Prüfung bekommst, die du nicht bewältigen kannst. und selbst wenn du noch öfters auf die gleichen Themen triffst, wird es seinen Sinn haben: Dann gibt es in dir eben noch mehr glattzuziehen.

Ich muss und will aber gern gestehen, dass diese Haltung und Sichtweise auf das eigene Leben richtig schwierig ist. Ich selbst arbeite weiterhin hart daran, und es gelingt mir längst nicht immer.

Kann dein Gegenüber Liebe ertragen?

Einen weiteren Gedanken möchte ich dir noch mitgeben: Wenn du das Gefühl hast, dass du eigentlich alle Konflikte und Aufgaben friedlich lösen möchtest, immer wieder die Hand reichst und diese immer wieder nicht genommen wird, dann überlege einmal, ob dein Gegenüber Liebe überhaupt annehmen kann. Ja, du staunst, aber das gibt es tatsächlich und ist weit verbreitet. Vielleicht kennst du dieses Phänonem sogar ein klitzekleines bisschen von dir. Du rennst emotional nicht-verfügbaren Menschen hinterher, beklagst dich darüber, und wenn du mal einem Menschen begegnest, der dich echt richtig liebt, dann findest du ihn langweilig und unattraktiv. Ist doch so, oder ☺?

Viele Menschen sind nicht wirklich offen genug, Liebe annehmen zu können. Sie haben regelrecht Angst davor, weil sie sich dann auch öffnen müssten, ihre coolen Mauern fallen lassen müssten und verletzlich bzw. nahbar würden – und das ist (noch) für viele unvorstellbar.

3.6 Geh keine Umwege

So viel vorweg: Dieses Kapitel findest du vielleicht zum Schmunzeln. Wenn ja, ist das gut! Je mehr du darüber lachen kannst, was dir passiert ist, umso besser. Auch wenn es nicht die ganz gruselige hoch-narzisstische Beziehung war, kann einen ja auch schon der »normale« Beziehungsirrsinn ganz schön quälen.

Also: Der kürzeste Weg raus aus toxischen oder Täter-Opfer Beziehungen ist: (Trommelwirbel!) keine oder möglichst wenige Umwege gehen. Einen Umweg gehen bedeutet: Du hörst nicht auf deinen Bauch, deine Intuition, sondern auf deine liebessüchtige innere Stimme, oder was andere Menschen in ihren 3D-Beziehungen dir raten. Ich kann gar nicht sagen, wie viele Menschen mir in meinen unglücklichen Beziehungen Tipps geben wollten, die selbst knietief im Morast standen – teilweise gepaart mit großer Überheblichkeit. Das ist schlicht verrückt.

Im Innersten weißt du es schon lange – deine letzte Beziehung verlief vermutlich furchtbar. Wenn du Glück hast, kennst du Freunde, die dir das genau so sagen. Aber viele werden beschwichtigen: »Es gibt immer zwei Seiten« oder »Ihr beide habt doch xy gemacht« oder »Reden hilft, redet doch nochmal« usw. Leider stimmen solche Ratschläge in schlimmen Beziehungen nicht. Wenn Reden etwas genützt hätte, wärst du nicht da, wo du aktuell bist. Wenn es um Liebe gehen würde, wäre dein Partner mitfühlender gewesen. Es gibt auch nicht diese zwei Seiten in toxischen Beziehungen: Einer nutzt aus, und einer wird ausgenutzt. Ja, irgendwie sind es auch zwei Seiten, aber eben nicht so, wie man es gemeinhin versteht. Nicht: Beide haben Mist gebaut (gibt es natürlich auch), sondern: Einer überschreitet tatsächlich die Grenzen und der andere lässt es viel zu lange zu.

Der kurze Weg meint, auf deine innere Intuition zu hören und nicht auf deine liebessüchtige Stimme, auch nicht auf die (un-)bewussten Stimmen im Außen oder von anderen Menschen. Höre auf dich, auf dein reines inneres Herz, dann wirst du die Antworten spüren, die dir wirklich guttun.

Du musst dich nicht diesen Opfer-Energien hingeben und dich wieder und wieder verletzen lassen. Du kannst sie loslassen und Heilung für dein geschundenes Herz geschehen lassen.

Du musst dich auch nicht den Täter-Energien hingeben, die dich in Rache schicken oder manipulieren wollen. Verstehe eines: Es gibt keine wirkliche Liebe in toxischen Beziehungen außer der Liebe des Loslassens, die Liebe des Verstehens, dass ihr beide ein verrücktes Theaterstück aufgeführt habt.

Lass dir Zeit dazu ... aber auch nicht zu viel. Dein neues cooles Leben wartet schon auf dich! Es hat noch so viel mehr zu bieten, wenn du es zulässt.

3.7 Nach Hause kommen

Viele Menschen fühlen sich in toxischen Beziehungen schlechterdings zuhause. Aber nicht, weil sich diese so schön anfühlen, sondern weil sie diese Muster aus ihrer Ursprungsfamilie aus Kindertagen kennen. Du könntest nun meinen, du müsstest auf das Zuhause-Gefühl verzichten. Du befürchtest gar, selbst wenn du in eine neue, bessere Beziehung kommst, dass sich das irgendwie fremd anfühlt.

Das mag am Anfang tatsächlich so sein. Ich kann dir aber versichern, es wird für dich noch ganz andere Nach-Hause-komm-Erfahrungen geben. Und diese werden sich nach echter Liebe anhören und nicht nur nach dem Versprechen einer Liebe, die nie eingelöst wird. Irgendwann wirst du in dir selbst zuhause ankommen, und das wird ganz wunderbar werden.

3.8 Abschluss

Komm in deine Kraft

Wenn du das Buch bis hierhin gelesen hast, erwacht hoffentlich die zarte Idee in deinem Kopf und Herz, dass eventuell deine schwierige(n) Beziehung(en) nicht das Schlechteste waren, was dir passiert ist. Jedes dieser Ereignisse kann dich stärker machen, wenn du es erlaubst und aus ihnen lernst. Du wirst vor allem dann kräftiger, wenn du mit immer mehr Selbstliebe und klaren Grenzen in deinem Beziehungs-Alltag agierst, aber nicht in Wut und Hass dagegen ankämpfst. Alles, was du in vollen Zügen ablehnst, versorgst du paradoxerweise mit Energie. Geh deine Schritte und lebe einfach dein Leben mit all seinen Facetten. Schließe Frieden mit deinem Leben, wie es sich bis hierhin materialisiert hat, und wisse, dass deine Zukunft ganz anders, besser verlaufen kann und nicht von der Vergangenheit abhängt. Mach vor allem Frieden mit dir, deiner Psyche und deinem Körper und kämpfe nicht so viel gegen dich selbst.

Genieße den Weg

Bitte bitte zweifle nicht zu viel an dir! Du bist gut so, wie du bist! (kannst du dir in großen Lettern an die Wand pinnen, ehrlich). Und es war so gedacht, dass du hier eine verrückte Reise machen wirst. Es geht nicht ums Ankommen, es geht darum, den Weg so weit wie möglich zu genießen und immer mehr das zu machen, was deine Seele möchte. Das ist der Weg! Nicht was andere denken, nicht was deine (vielleicht toxischen) Partner von dir möchten – was du willst, zählt jetzt! Bitte setzte dich nicht zu einem bestimmten Zeitpunkt X entsprechend unter Druck, dieses oder jenes Ziel erreicht zu haben. Glaub mir, wenn du Ziel X erreicht hast, kommt sowieso ein neuer Impuls! Du, nur du hast dir diese Reise geschenkt. Es geht immer weiter, und daher kannst du dich gleich jetzt als erstes entspannen.

Meine Kurse

Wenn dir dieses Buch gutgetan hat, geh doch den nächsten Schritt und komm in meine Kurse zu Tausenden von Menschen mit ähnlichen Aufgaben. Die Kurse leisten zusätzlich sehr viel Gutes in der konkreten Umsetzung der Themen dieses Buches.

Außerdem wirkt es enorm motivierend, von anderen über ihre speziellen Erfahrungen mit den Schritten zu hören. Wir haben auf WWW.LIEBESCHIP.DE eine Weiterempfehlungsquote von 97 %!

Folgende Module gibt es bisher:
Modul 0: Soforthilfe bei (toxischem) Liebeskummer
Modul 1: Umprogrammierung deines Liebeschips
Modul 2: Vertiefungsübungen zur Umprogrammierung + Trancen
Modul 3: Selbstliebe-Challenge
Modul 4: Co-Abhängigkeit und Bindungsangst
Modul 5: Basis-Dating-Strategien
Modul 6: Kurs für Minus-Pole
Modul 7: Liebeskummer Advanced
Modul 8: Selbstliebe-Challenge Advanced

Sonderkurs: Notfallkoffer nach toxisch-narzisstischen Beziehungen
Sonderkurs: Dating in der Polarität
Sonderkurs: Spiritualität & Naisgeiles Leben
Sonderkurs: Manifestations-Challenge
Sonderkurs: Ex Detox

Fortgeschrittenen-Kurs: Liebeschip Pro ... plus saisonale Kurse
Ausbildung zum Liebeschip-Coach Einzel / Paar

Schau auch gerne auf Youtube (Hemschemeier), Instagram (Liebeschip), Facebook (Liebeschip) und Twitch (Liebeschip) vorbei und diskutiere mit!

Danksagung

Auch diesmal möchte ich mich wieder bedanken, denn ohne viele Menschen und Begleiter wäre dieses Buch nicht möglich gewesen. Irgendwie erschaffen wir ja immer zusammen und nicht alleine.

Bedanken möchte ich mich natürlich beim Luther-Verlag, der mir ermöglicht hat, meine Ideen in zwei Bücher zu packen und damit auch nochmal ganz andere Gruppen zu erreichen.

Außerdem bedanke ich mich bei meiner Partnerin und meinem engen Freundeskreis, die mich in den letzten zwei Jahren unfassbar unterstützt haben.

Normale Coachings habe ich kaum noch in Anspruch genommen, daher bedanke ich mich hier einfach mal bei der spirituellen Welt für die vielen Impulse.

Ein ganz besonderer Dank gilt natürlich all den Menschen, vor allem Ex-Partnerinnen, ohne die dieses Buch nicht möglich gewesen wäre. Teilweise haben sie mich unterstützt, teilweise unfassbar herausgefordert, aber es sollte wohl alles so sein und war hoffentlich zum höchsten Wohle aller. Immerhin kann ich euch aufgrund dieser Erfahrungen gut unterstützen und habe immer mehr zu mir gefunden und in meine Kraft. Das ist ja wahrlich unbezahlbar.